现代社会的城镇化与生态伦理研究

毕芳荣 时笑婉 著

北方文艺出版社

图书在版编目（CIP）数据

现代社会的城镇化与生态伦理研究 /毕芳荣，时笑婉著. -- 哈尔滨：北方文艺出版社，2024.5

ISBN 978-7-5317-6236-2

Ⅰ.①文… Ⅱ.①毕… ②时… Ⅲ.①城市化－研究－中国 Ⅳ.①F299.21

中国国家版本馆CIP数据核字(2024)第096226号

现 代 社 会 的 城 镇 化 与 生 态 伦 理 研 究
XIANDAI SHEHUI DE CHENGZHENHUA YU SHENGTAILUNLI YANJIU

作　　者 / 毕芳荣　时笑婉	
责任编辑 / 富翔强	封面设计 / 文　亮
出版发行 / 北方文艺出版社	邮　编 / 150008
发行电话 / （0451）88825525	经　销 / 新华书店
地　　址 / 哈尔滨市南岗区宣庆小区1号楼	网　址 / www.bfwy.com
印　　刷 / 廊坊市广阳区九洲印刷厂	开　本 / 880mm×1230mm　1/16
字　　数 / 200千字	印　张 / 10.5
版　　次 / 2024年5月第1版	印　次 / 2024年5月第1次印刷
书　　号 / ISBN 978-7-5317-6236-2	定　价 / 76.00元

前　言

城镇化规模不断扩张的背景下，做好城乡土地利用和管理规划工作有利于节约土地资源，进一步促进城乡产业结构调整。全面建立完善土地规划和制度政策，可以加快城镇化进程，促进城镇稳定、和谐发展，使人民共享新型城镇化发展的成果。城镇化是现代化的必由之路，加快实施以促进人的城镇化为核心、以提高质量为导向的新型城镇化战略是新时代推进新型城镇化发展的重要内容之一。当前城乡要素流动不顺畅、要素资源配置不合理等问题的存在，成为影响新型城镇化发展质量的重要因素。

本书是一本关于城镇化的专著，先从新型城镇化的内涵及基本特征入手，介绍了城镇化的理论、新型城镇化与文化消费、新型城镇化与创意城市，并深入探讨了城镇化与城乡融合内容、城镇化与城乡融合多元模式以及开放型经济对城乡融合的影响，接着重点对城镇化与生态伦理进行了研究和总结。希望本书的讲解能够给读者提供一定的借鉴。

本书在撰写过程中，参阅了大量相关的资料或文献，同时为了保证论述的全面性与合理性，本书还引用了许多专家学者的观点。在此，谨向以上作者表示最诚挚的谢意。由于笔者写作水平有限，书中难免存在疏漏之处，还望各位不吝指正。

目 录

第一章　新型城镇化的内涵及基本特征 ·················· 1
 第一节　新型城镇化的内涵 ·················· 1
 第二节　新型城镇化的基本特征 ·················· 6

第二章　城镇化的理论 ·················· 12
 第一节　新型城镇化、市民化与逆城镇化 ·················· 12
 第二节　调整优化新型城镇化空间布局 ·················· 20
 第三节　新型城镇化视域下人的城镇化 ·················· 25
 第四节　城镇化和逆城镇化相得益彰：新型城镇化之路 ·················· 30

第三章　新型城镇化与文化消费 ·················· 40
 第一节　城镇文化消费的基本内涵及研究 ·················· 40
 第二节　我国城镇化过程中文化消费状况与影响因素 ·················· 42
 第三节　文化消费对我国新型城镇化的拉动作用 ·················· 46
 第四节　促进文化消费与新型城镇化协调发展的对策 ·················· 52

第四章　新型城镇化与创意城市 ·················· 59
 第一节　新型城镇化视域下的创意城市 ·················· 59
 第二节　创意城市的内涵 ·················· 66
 第三节　创意城市的类型 ·················· 71
 第四节　创意城市的构建要素 ·················· 74
 第五节　创意城市的构建策略 ·················· 82

第五章　城镇化与城乡融合 ·················· 91
 第一节　推进城乡规划布局一体化 ·················· 91
 第二节　推进城乡基础设施一体化 ·················· 93

第三节　推进城乡产业发展一体化 ··· 95
　　第四节　推进城乡公共服务一体化 ··· 98
　　第五节　推进城乡环境保护一体化 ·· 100
　　第六节　推进城乡社会治理一体化 ·· 102

第六章　城镇化与城乡融合多元模式 ·· 105
　　第一节　大城市带动大农村的成渝模式 ·· 105
　　第二节　注重区域协调发展的杭州模式 ·· 108
　　第三节　共享型融合发展的莱芜模式 ·· 111
　　第四节　"四化"协调发展的八里店模式 ······································· 115
　　第五节　产业园区带动的中鹤模式 ·· 119

第七章　开放型经济对城乡融合的影响 ·· 122
　　第一节　发达国家和地区的全球化与城镇化 ································ 122
　　第二节　发展中国家和地区的全球化与城镇化 ···························· 127
　　第三节　全球化对城镇化影响的比较 ·· 134

第八章　城镇化与生态伦理研究 ·· 140
　　第一节　新型城镇化建设中的生态伦理构建 ································ 140
　　第二节　新型城镇化建设的伦理指向 ·· 147
　　第三节　新型城镇化与生态文明建设的互动机理及保障机制 ······ 153

参考文献 ··· 160

第一章 新型城镇化的内涵及基本特征

第一节 新型城镇化的内涵

以人为本是新型城镇化的核心和本质要求。推进新型城镇化，必须坚持以人为核心，以增进人民福祉为目标，把广大人民群众的需要和根本利益贯穿到城镇化建设的全过程和各个领域。

集约、智能、绿色、低碳是新型城镇化的重要特征，推进新型城镇化就是采取新的模式和方法，促进城镇化向集约、智能、绿色、低碳的方向转型。

城乡一体、四化同步、文化传承则是新型城镇化的基础和重要前提。推进城镇化不单纯是城镇的建设问题，还涉及城乡发展一体化以及工业化、城镇化、信息化、农业现代化相互协调，文化传承的问题。要在城乡一体化、四化同步和文化传承的前提下，有序推进城镇化建设，促进城乡共同发展、共同繁荣。具体地讲，新型城镇化的内涵可以概括为以下六个方面。

一、以人为本

走新型城镇化道路，必须坚持以人为本，以增进城乡居民福祉为出发点和落脚点，高度关注民生和社会问题，加快推进农业转移人口市民化进程，促进城乡居民机会均等和成果共享，走平等、包容、安全的和谐型城镇化之路。

以人为本要求城镇化必须做到以下三点：一要加快推进农业转移人口市民化进程，消除户籍歧视、城乡歧视和区域歧视，促进农业转移人口享有子女教育、公共就业、基本养老、基本医疗、保障性住房等城镇基本公共服务。二要赋予进城农民与城镇居民平等的权益,赋予农民更多的财产权利,农民进城不能以放弃农村的财产权益为代价。这些财产包括农民在农村拥有的住房、宅基地、土地承包经营权、集体资产股份等。随着农村人口向城镇的集中,在以人为核心的新型城镇化格局下,农民的减少以及随之进行的产权交易,将有助于增加农民收入,促进农业规模化经营,刺激农村经济增长,由此破解"三农"问题。三要加大精神文明建设的力度,提高进城农民的科学文化素质,使城市文明、城市生活方式和价值观念深入人心,以此促进城镇化的健康发展。

二、集约智能

走新型城镇化道路,必须立足中国国情,以科学发展观为指引,推动城镇化由追求数量向追求质量转变、由粗放型向集约型转变、由不可持续向可持续发展转变,实现更高质量的健康城镇化。2013年12月,中央城镇化工作会议在北京召开,会议提出:"粗放扩张、人地失衡、举债度日、破坏环境的老路不能再走了,也走不通了。在这样一个十分关键的路口,必须走出一条新型城镇化道路,切实把握正确的方向。"

集约智能要求城镇化要做到:一是必须降低城镇化的资源代价。在中国这样一个拥有13亿多人口的发展中大国实现城镇化,在人类发展史上没有先例。坚持节约资源的基本国策,大力推广城市节能、节材、节水、节地技术,提倡节能节地型建筑,培育节约型生产、生活方式和消费模式,建立高效集约节约利用资源的长效机制,高效节约的集约型城镇化道路,减少城镇化过程中的资源消耗,提高城镇资源配置效率。二是必须科学确定各类城镇建设密度。研究制定各项集约指标和建设标准,强调紧凑、集中、高效的城镇建设模式,充分挖掘城镇土地潜力,集约节约利用土地,促使城镇从粗放发展向集约发展转变,形成紧凑、高效的城镇用地格局,建设紧凑型城镇、紧凑型社区、紧凑型园区、紧凑型村庄,防止城市过度蔓延和无序发展。三是加强城镇化建设的智能化水平。坚持城市建设与智慧系统建设相结合的基本理念,综合利用现代科学技术,积极推动城镇化与信息化深度融合,加快智慧城市、智慧社区、智慧园区建设,完善智慧型产业体系和交通体系,强化城市智慧管理,依靠智能技术和智慧管理破解"城市病",智慧地推进城镇化建设。

三、绿色低碳

走新型城镇化道路，必须把生态文明理念全面融入城镇化进程，推动形成绿色低碳的生产生活方式和城市建设运营模式。中央城镇化工作会议也提出要"让城市融入大自然，让居民望得见山，看得见水，记得住乡愁"。

新型城镇化要求：一要尊重自然规律，坚持生态环境保护优先，充分利用自然山体、河流、湖泊、森林、农田等，构建开放的城镇生态廊道和生态网络。二要科学确定开发强度，划定生态红线，合理布局生产空间、生活空间和生态空间，建设可持续宜居的美丽城镇，创造一个生产发展、生活富裕、生态优美的良好人居环境。三要着力推进绿色发展、循环发展、低碳发展，节约集约利用土地、水、能源等资源，强化环境保护和生态修复，减少对自然的干扰和损害。四是积极推广节能环保、绿色低碳技术，加快构筑绿色城市和"阳光城市"建设，推动形成与资源环境承载能力相适应的城镇化格局，促进城镇发展与生态环境保护深度融合，走绿色、低碳、环保、宜居的可持续城镇化之路。

四、城乡一体

我们既要有工业化、信息化、城镇化，也要有农业现代化和新农村建设，两个方面要同步发展。要破除城乡二元结构，推进城乡发展一体化，把广大农村建设成农民幸福生活的美好家园。促进工业化、城镇化进程与发展现代农业、建设社会主义新农村，是统筹城乡发展、构建新型城乡关系、实现城乡经济社会发展一体化大战略的两个相互关联、相互促进的有机组成部分。

走新型城镇化道路，必须打破城乡分割，推动城乡融合互动和一体化，积极探索城乡融合型的新型城镇化模式。这就要求：一要推进城乡规划布局一体化。就是要打破城乡界限，树立城乡统筹发展的理念，把城市与乡村作为一个有机整体，开展全域规划布局，推进城乡规划编制和管理一体化。二要推进城乡基础设施一体化。必须统筹规划，加大农村基础设施建设力度，积极推进城镇基础设施向农村延伸、辐射和覆盖，建立完善城乡一体的基础设施网络，促进城乡基础设施一体化进程。三要推进城乡产业发展一体化。就是要打破城乡分割的二元体制，把城市产业和农村产业作为一个整体统筹考虑，整合城乡各种资源，沟通城乡之间的产业联系，促进城市生产要素向农村流动，引导城市产业和企业向农村延伸，实现城乡产业互补互促，相互融合，共生共荣。四要推进城乡公共服务一体化。就是要加快农村公共服务体系建设，推动城市公共服务向农村延伸，实现城乡基本公共服务均等化，逐步缩小城乡公共服务水平差距。五要推进城乡环境保护一体化。就是要把农村生态环境保护摆在同等重要的位置，对城市与农村生态环境进行统一规划、建设和管理，全面改善和提高城乡生态环境质量。六要推进城乡社会治理一体化。就是要统筹城市与农村社会治理，改进社会治理方式，完善社会治理和服务体系，加快推进城乡社会融合，及时化解各种社会矛盾和不和谐因素，推动形成城乡一体化的社会治理新格局。

五、四化同步

城镇化与工业化一道，是现代化的两大引擎。走中国特色、科学发展的新型城镇化道路，核心是以人为本，关键是提升质量，与工业化、信息化、农业现代化同步推进。要以人为本，推进以人为核心的城镇化，提高城镇人口素质和居民生活质量，把促进有能力在城镇稳定就业和生活的常住人口有序实现市民化作为首要任务。

走新型城镇化道路，要求城镇化与工业化、信息化、农业现代化同步发展，推动信息化和工业化深度融合、工业化和城镇化良性互动、城镇化和农业现代化相互协调。其中，工业化是支撑，城镇化是载体，信息化是手段，农业现代化是基础，必须把城镇化与工业化、信息化和农业现代化紧密结合起来，实现四化同步和互动发展的新格局。这就要求：一是信息化和工业化深度融合。要大力发展以电子信息技术为代表的高科技，提升信息化水平，改造和提升传统产业，推动产业转型升级，不断提升工业化质量和水平。二是工业化和城镇化良性互动。一方面要充分发挥城镇化对拉动投资和扩大内需的带动作用，为工业化提供市场需求和空间载体；另一方面利用工业化对推动产业发展、提供就业岗位的作用，提升城镇化规模和水平。推动工业化与城镇化的互动发展，既为工业化创造了机会，又为城镇化提供了动力源泉。三是城镇化和农业现代化相互协调。一方面要把推进城镇化作为吸纳农村剩余劳动力的容器，实现农业的装备现代化，提高农业生产效率，为农业现代化创造条件和提供市场；另一方面又要大力推进农业现代化建设，增强农业抗风险能力，保障国家粮食安全，为城镇化的推进提供支撑和保障。城镇化和农业现代化是相辅相成的关系，二者相互协调，有助于治理"城市病"和"农村病"，最终实现城乡共同繁荣。

六、文化传承

要大力繁荣发展文化事业，以基层特别是农村为重点，深入实施重点文化惠民工程，进一步提高公共文化服务能力，促进基本公共文化服务标准化、均等化。促进工业化、城镇化进程与发展现代农业、建设社会主义新农村，是统筹城乡发展、构建新型城乡关系、实现城乡经济社会发展一体化大战略的两个相互关联、相互促进的有机组成部分。

走新型城镇化道路，必须传承中国的悠久历史和灿烂文化，发展有历史记忆、文化脉络、地域风貌、民族特点的美丽城镇，形成符合实际、各具特色的城镇化发展模式。一是注重城镇特色和品质。在城镇建设中，坚决杜绝盲目崇拜模仿外来建筑文化，要突出地域风貌、民族特色，要弘扬传承本土文化，建设具有中国地域风貌和文化特色的城镇；要突出本地区的自然历史文化禀赋，体现区域差异性，提倡形态多样性，防止千城一面、建筑雷同，同时也要避免片面追求"新、奇、特"的建筑表现形式。在城镇改造中，要避免大拆大建，对具有当地文化特色、历史故事的文物、"老建筑"、老街区，要严格保护、传承传统文化。二是建设各具特色的美丽乡村。建设社会主义新农村是推进新型城镇化的重要内容。在建设农民幸福生活的美好家园的过程中，一方面要加强农村基础设施和服务网络建设，提升自然村落功能，方便农民生产生活；另一方面要保留乡村原有的风貌、民族文化和地域特色，特别是那些有历史、艺术、科学价值的传统村落、少数民族特色村寨和民居，尽可能不改变村庄原始风貌，延续乡村的历史文脉。

总之，走新型城镇化道路，立足中国人多地少、人均资源不足、城乡区域差异大的基本国情，坚持以人为本、集约智能、绿色低碳、城乡一体、四化同步、文化传承，走多元、渐进、集约、和谐、可持续的新型城镇化道路，逐步形成资源节约、环境友好、经济高效、社会和谐的城镇化健康发展新格局。

第二节 新型城镇化的基本特征

为了更好地理解新型城镇化的内涵，必须准确理解新型城镇化的基本特征。新型城镇化的基本特征大体可以归纳为五点，即多元、渐进、集约、和谐、可持续。

一、多元性

中国是一个民族多元、文化多元、发展条件和发展水平多元的国家，未来中国城镇化的推进应该从国情出发，因地制宜地走多元的城镇化道路。

一是水平多元，形成多种城镇化阶段共存的格局。中国地域辽阔，各地区发展的主客观条件差异极大，其城镇化所处阶段亦呈现很大的差异性。2022年，中国城镇人口达到9.2亿，城镇化率达到了65.22%。人口城镇化率超过50%，京津沪三个直辖市城镇化水平已超过80%，广东、辽宁、浙江、江苏四省城镇化水平已超过60%，而西藏却不足30%，云南、甘肃、贵州也不足40%，各地区城镇化阶段存在显著差异。其中，京津沪已处于城镇化后期，西藏仍处于城镇化初期，其他省份均处于城镇化中期。

二是规模多元，形成大中小城市与小城镇协调发展的格局。中国国土面积大、人口多，各地区条件不同，既需要建设一批综合性的大城市、特大城市乃至超大城市，充分发挥中心城市的辐射和带动作用，又需要建设数量众多的专业化特色中小城市和小城镇，充分发挥其门槛低、与广大农村联系紧密的纽带作用，由此形成大中小城市和小城镇合理分工、协调发展、等级有序的城镇规模结构。

三是模式多元，不同地区采取差异化的城镇化战略。各地区由于发展阶段和条件的不同，其城镇化推进应采取不同的战略模式。在珠江三角洲、长江三角洲、京津冀、长江中游等地区，重点是建设大都市区和城市群，提高城市群的可持续发展能力，推进区域经济的一体化。而在西南和西北一些落后地区，重点是培育发展中心城市，推进特色镇和中心镇的建设。在云南、贵州等地区，由于山地多、平地少,必须探索一种适合山地特点的新型城镇化模式——"山地城镇化",而不可能照搬珠江三角洲、长江三角洲等地的模式。

四是动力多元,多种力量共同推动城镇化进程。从政府与市场的关系来看,既需要打破城乡分割、区域壁垒,促进人口和要素自由流动,充分发挥市场在资源配置中的决定性作用,又需要积极发挥政府的规划引导作用;从产业支撑来看,既需要实行工业化与城镇化互动,充分发挥工业对城镇化的拉动作用,又需要大力发展和提升服务业,发挥服务业对城镇化的推动作用;从经济成分来看,无论是公有制经济还是私营经济、个体经济等非公有制经济,都是推动城镇化建设的重要力量;从城乡关系来看,城市对农民具有强烈的吸引力,这种吸引力可以产生聚集力,使农民向往城市从而形成城镇化的动力。

二、渐进性

城镇化是一个漫长的历史过程。中国要实现这一目标,必须走渐进式的城镇化道路。为此,各地在推进城镇化的过程中,一定要从本地的实际情况出发,积极引导农业转移人口向城镇地区合理有序流动,科学把握城镇化推进的速度和节奏。城镇化的规模和速度要与地区经济发展水平相适应,与城镇综合承载力和人口吸纳能力相适应,防止出现超越承载能力和发展水平的城镇化冒进。

一是城镇化的速度和规模要适度。鉴于中国农村人口数量多、耕地保护任务重、城镇就业压力大,且资源环境承载力日益趋紧的基本国情,中国城镇化的速度和规模必须适度,既要考虑国家财力和经济发展水平,又要考虑城镇的综合承载能力和人口吸纳能力。城镇化建设要保持适度投资规模,城镇空间扩张要适度,绝不能以牺牲耕地、粮食和农业为代价来片面推进城镇化,要把城镇化推进与农业现代化和新农村建设有机结合起来。

二是城镇化水平要与经济发展水平相适应。一个国家和地区的城镇化水平是与其经济发展水平高度相关的。城镇化滞后或者超前于经济发展,都会带来一系列经济社会问题。改革开放初期,中国的城镇化曾严重滞后于工业化和经济发展,但近年来随着城镇化的快速推进,中国城镇化严重滞后于工业化和经济发展的局面已经得到较大改观。2012年中国城镇化率达52.57%,与世界平均水平相当。应该看到，前些年中国城镇化的快速推进是建立在进城农民没有市民化的基础之上的，而这种市民化过程需要今后若干年才能完成。

三是城镇化规模要与城镇的承载能力和吸纳能力相适应。城镇综合承载能力既包括资源环境的承载能力，又包括城镇基础设施的承载能力，而城镇人口吸纳能力则主要由城镇提供的就业机会和产业支撑能力决定。城镇化的合理规模必须综合考虑城镇的承载能力和吸纳能力，并在二者之间寻求一种平衡。有吸纳能力但缺乏承载能力，或者有承载能力但缺乏吸纳能力，都不利于城镇化的健康发展。目前，中国已经成为名副其实的世界制造业大国，许多产品产量都居世界首位，工业特别是制造业吸纳就业的能力明显下降。未来中国城镇就业和人口吸纳更多地需要依靠服务业驱动。因此，城镇化的推进必须适应经济发展转型和产业结构升级的需要，而不能超越经济特别是产业发展的支撑能力。

三、集约性

中国耕地资源有限，人均资源占有量少，经济发展和城镇化的资源约束趋紧。面对资源约束趋紧的严峻形势，中国应高效集约节约利用资源，高效节约的集约型城镇化道路，减少城镇化过程中的资源消耗，提高城镇资源配置效率。

一是高效集约节约利用土地。中国人多地少，土地资源，尤其是耕地资源极其宝贵。近年来，尽管中国城镇单位土地面积的产出显著提高，但城镇建成区人均土地面积却快速增加，土地利用较为粗放，闲置、浪费严重。城镇政府过度依赖土地财政驱动，热衷于城镇的外延扩张，借开发区建设盲目"圈地"，开发商借机大量"囤地"，造成土地城镇化快于人口城镇化，耕地资源大量减少。为了确保18亿亩耕地红线和保障国家粮食安全，必须扭转城镇化过程中的土地资源浪费现象，高效集约节约利用土地，走节地型的城镇化之路。

二是节约集约利用资源。现阶段，中国城镇化的快速推进是建立在粗放型发展模式的基础上，主要依赖资源、能源和资金的高投入，科技含量不高，资源、能源利用效率低下，浪费现象十分严重。与此相对应的是，中国大部分资源十分匮乏，耕地、森林、天然草地和水资源的人均占有量都不超过世界平均水平的一半,石油、天然气、煤炭、铁矿石、铜和铝等重要矿产资源的人均可采储量,远低于世界平均水平。面对资源约束,必须高度重视集约节约利用资源,加快节能、节地、节水、节材型城镇建设,走资源节约型的城镇化之路。

三是推进紧凑型的城镇化。要科学合理确定各类城镇建设密度,研究制定各项集约指标和建设标准,优先发展公共交通,鼓励绿色低碳出行,倡导混合用地模式,优化城镇空间结构,提高公共设施的可达性,减少出行时间,保护社会和文化的多样性,推动形成紧凑、高效的城镇用地格局,建设紧凑型城镇、紧凑型社区、紧凑型园区、紧凑型村庄,缓解城市蔓延和无序发展问题,走集约、紧凑、高效的紧凑型城镇化之路。

四是促进人口与产业协同集聚。城市是人口、要素和产业的综合集聚体,具有协同集聚效应。近年来,在城镇化过程中,各地想方设法招商引资、集聚产业,却不太愿意吸纳外来人口,一些地方则是要"地"不要"人",要"人手"不要"人口",导致人口分布与产业分布严重不匹配。为此,必须树立同发展的理念,在考虑资源和环境承载能力的前提下,依靠产业集聚吸引人口集聚,促进人口与产业协同集聚,使人口分布与产业分布相协调,人口、经济与资源和环境承载能力相适应,充分发挥城镇的协同集聚效应。

四、和谐性

当前,中国城镇化进程中的不协调性和非包容性突出,既容易诱发各种社会问题,又不利于和谐社会的建设。城镇化涉及城与乡、原居民与新移民、经济与社会等方方面面,必须妥善处理好各方面的关系,缓解各种矛盾和冲突,促进城乡居民机会均等和成果共享,走平等、包容、安全的和谐型城镇化之路。

一是机会均等。长期以来,中国实行城乡分割的二元户籍制度,城乡居民的发展机会严重不平等。直至今日,由于户籍制度障碍,进入城镇的农民工在民主权利、就业机会、子女教育、社会保障、购车购房等方面仍不能完全享受与城镇原居民同等的待遇,其发展机会严重不平等。因此,必须加快户籍制度改革,禁止各地新出台的各项有关政策与户口性质挂钩,并对现有各种与户口性质挂钩的政策进行一次全面清理。取消按户口性质设置的差别化标准,使现有政策逐步与户口性质脱钩,这样通过新政策不挂钩、旧政策脱钩,逐步剥离户籍内含的各种权利和福利,实现公民身份和权利的平等,为农民进城创造平等的发展机会,使他们能站在同样的起跑线上,面对相同的环境和规则。

二是成果共享。目前,中国城乡居民收入和公共服务差距过大,城镇居民收入差距增加,社会阶层和居住空间分异加剧,农民工合法权益难以得到保障,这种状况不符合社会主义本质的根本要求。要保障城镇化的成果让城乡全体居民共享,就必须加快农民工市民化进程,实现城镇基本公共服务常住人口全覆盖,同时加大对城中村、棚户区、边缘区等的整治力度,高度关注城市贫困人口和低收入群体,消除城市中的新二元结构。在此基础上,构建城乡统一的社会保障制度和均等化的公共服务制度,实现基本公共服务城乡常住人口全覆盖。从长远发展看,要推动形成全国基本公共服务的均等化,使无论居住在城市还是乡村,无论是东部还是西部地区的居民,均能普遍享受一致的义务教育、基本医疗卫生服务、社会保障和安全等。除此以外,还应实现城乡和各区域居民拥有大体一致的生活质量,让广大民众分享城镇化的成果。

三是安全保障。城市由于人口密集、经济活动集中、生态系统较为脆弱,其安全保障问题是新型城镇化建设的重要方面。第一,加强城市(镇)的防灾减灾能力。加快城市(镇)减灾防灾体系建设,加强灾害评估、应急预案、防灾演练、场地建设和物资储备方面的综合能力,提高城镇居民的防灾减灾自救意识。第二,确保城镇居民的生产安全。对危险、有毒的生产性行业,如煤矿、化工厂、冶炼厂、鞭炮厂等,应引起高度重视。第三,确保城镇居民的生活安全。加强城镇的基础设施建设,健全法律法规体系,减少因城镇系统的非正常运行导致的恶性事件、食品安全事件、交通安全事件的发生。

五、可持续性

未来中国城镇化的推进绝不能以耕地大量减少、牺牲粮食和破坏生态环境为代价,不能走"先污染、后治理"的老路,必须着力提高城镇化质量,更加重视耕地和生态环境保护,加快构筑绿色生产和消费体系,促进城镇经济发展与生态环境保护深度融合,建设美丽城镇,走绿色、低碳、环保、宜居的可持续城镇化之路。

一是城镇化与农业现代化相协调。随着城镇化的快速推进,城镇空间扩展必然造成大量耕地被占用。虽然国家采取了占补平衡的办法,但由此导致的耕地质量下降的确是一个不争的事实。为此,在推进城镇化的过程中,必须坚持最严格的耕地保护制度,建立健全耕地保护补偿机制,确保耕地"占补平衡",并保证耕地数量与质量不下降。要根据制定的基本农田保护目标,建立基本农田保护的激励和约束机制,全面提升基本农田保护水平,严守我们的"吃饭田",保障国家粮食安全,促进城镇化与耕地保护、农业现代化相协调。

二是城镇化与生态环境保护相协调。伴随着城镇化的快速推进,城市空间迅速扩展,农田、水域等自然生态消失,湿地面积锐减,生物多样性减少,而道路广场、公共设施和各种人工建筑的蔓延,使一些城镇化地区正在转变为钢筋水泥的丛林。在今后推进城镇化的过程中,必须高度重视生态建设和环境保护,充分利用自然山体、河流、湖泊、森林、农田等,构建开放的城市生态廊道和生态网络;同时推行清洁生产,发展循环经济,减少"三废"排放,加强环境治理,促进城镇化与生态环境保护相协调,提高城镇化的可持续性。

三是建设可持续宜居的美丽城镇。城市不仅是经济活动空间,而且是居住、娱乐休闲空间,需要处理好生产空间、生活空间和生态空间的比例关系。进入城市时代后,城镇居民将更加强调生活质量,注重改善城镇人居环境,这样就需要在城镇地区创造更多更好的休闲空间、公共空间、绿色空间。因此,推动城镇发展绿色转型,建设可持续宜居的生态城镇、生态社区、生态园区、生态建筑,创造一个生产发展、生活富裕、生态优美的良好人居环境,推动城镇空间的生态化、宜居化,将成为可持续城镇化的重要内容。

第二章 城镇化的理论

第一节 新型城镇化、市民化与逆城镇化

2018年两会期间,习近平总书记在广东代表团审议时提出,"城镇化"和"逆城镇化"要相得益彰,两个方面都要致力推动,并将其与"乡村振兴"联系在一起。至此,"逆城镇化"正式进入国家决策话语,成为当下政策制定的重要参考。然而,对新型城镇化、市民化与逆城镇化的关系,目前为止还没有较为清晰的认识,影响着理论和实践两个层面的推进。

按照一般说法,世界城镇化的普遍规律大体会经历四个阶段:人口城镇化、郊区城镇化、逆城镇化以及再城镇化。姑且不论这一看法是否具有合理性,但就当代中国城镇化实践来看,与世界城镇化的普遍规律相比,表现出诸多不一致性。对照世界城镇化的一般规律,如何理解新型城镇化进程中的市民化诉求?农民工返乡是逆城镇化吗?全球化背景下,随着城镇化率的提升,中国真的会水到渠成地产生西方意义上的逆城镇化吗?概而言之,中国城镇化实践真的会按部就班地遵循世界城镇化的一般规律吗?

一、新型城镇化驱动市民化诉求

新中国成立后,国家通过二元的土地、户籍以及财税制度设计,构建了城镇化的基本制度框架。以此为基点,在经济资源、政治权利、社会权益以及文化认同等方面,城市优于农村、市民优于农民,非农产业优于农业生产,整体上实施的是"城市偏向"的政策制定,在宏观上维持着经济社会的稳定发展。1978年改革开放后,在市场化驱动下,国家有计划、有目的、有步骤地松动城乡二元结构,配合整体经济社会发展,并在融入全球化的21世纪初,提出了"实

施城镇化战略"的发展任务。此后,中国城镇化率逐年提升,在2011年步入数据统计意义上的城镇化国家行列。2012年国家进一步提出以"人"为核心的新型城镇化战略,有序推进农业转移人口市民化,提出解决"三个一亿人"的问题,用新型城镇化回应市民化诉求。

因此,以"人"为核心的新型城镇化战略,成为有序转移农业人口市民化的直接动因。当前,正是新型城镇化与市民化"二重奏"的交叉阶段。一方面,传统城镇化导致的社会结构与社会形态嬗变清晰地展现在我们面前;另一方面,市民化所引发的政策调整与角色转型迫切需要新型城镇化做出有效回应。进而言之,市民化成为当前新型城镇化的重要抓手,成为提升当代中国城镇化水平与质量的有效途径。传统以GDP为核心的城镇化已然告一段落,以"人"为核心的新型城镇化正越来越多地成为经济社会发展的共识。如果说,过去几十年的传统城镇化在物理空间上改变着我们的日常生活,那么,新型城镇化则在社会心理层面重塑着我们的思维方式,形成一种全新的与之匹配的社会认知方式,而市民化则是这种社会认知方式的突破口。简言之,新型城镇化驱动着当代中国农业人口市民化。

新型城镇化是当代中国城镇化战略的升级版,是为了克服以"物质、GPD、经济"为重点的传统城镇化弊端和不足而提出的,直接驱动着当代中国农业转移人口市民化。换言之,传统城镇化战略在促进农业转移人口"职业转换、地域转移"之后,急需新型城镇化落实农业转移人口的"身份转化、角色转型",从根本上完成数以亿计农民的进城问题。进而言之,传统城镇化在外在形态上改变着城乡关系及其市民化的职业地域选择,难以深度促进城乡融合及其市民化的身份角色转型。随着传统城镇化战略在实践操作中暴露出的"化地不化人"的尴尬局面,以及诱发的利益冲突与资源争夺,以"人"为核心的新型城镇化战略应运而生,直接以"市民化"为取向,推动农业现代化、农村城镇化以及农民市民化。现阶段,在理论和实践两个层面,市民化已经成为理解新型城镇化的关键词语,成为经济社会发展的共识。

与"城镇化"相类似,学术界围绕"市民化"也产生了诸多争议,提出了许多与之相关的概念,如"主动市民化""被市民化"等,在一定程度上消解了市民化的理论魅力与实践取向。同时,有学者提出对不同类型农业转移人口进行市民化分类,进而建构出"选择性市民化"的概念,甚至上升到"公平、正义、权利"的抽象价值层面。本质上,"选择性市民化"不仅在理论上无助于市民化研究深化,在实践中也遮蔽了市民化的政策实效,甚至站在道德制高点的层面,妨碍新型城镇化进程中市民化问题的认知,形成一种高深莫测与似是而非的屏障。农民市民化毫无疑问是个系统工程,需要"模式化运作",当中牵涉政府、市场、社会以及个体的多重利益关系。"选择性市民化"则是基于这一常识性描述,前提性地代入"被动、选择"的价值判断,进而上升到"公平、正义、权利"的道德情怀。

如果说,"被市民化"这一提法,针对传统城镇化战略下城郊失地农民市民化而言还具有描述性与解释力的话,那么,"选择性市民化"这一提法,则赋予了整个"农业转移人口市民化"以"被动色彩"与"无奈情怀",前提性地将"农业转移人口"置于"弱势地位",而被动地接受"国家、市场、社会以及制度"的模式化选择,反映出概念背后的"无主体倾向",或者说是"受害者心态",本质上是一种话语翻新,用"去农业化""去农民化""去乡村化",来置换习以为常和频繁使用的"农业现代化、农民市民化以及农村城镇化",再冠之以"结构性力量、主体性力量"的理论话语,论述"平等、权利、流动"等社会问题。农业转移人口市民化,既不是单向度的国家强制要求,也不是农业转移人口被动消极响应,更加不可能是社会或者市场单方面的选择操作,而是受到了"新型城镇化"这一经济社会发展基本规律的作用,在当代中国语境下,呈现出或积极或消极或被动或主动的市民化图景。

二、新型城镇化进程中的逆城镇化现象

新型城镇化战略提出以后,"逆城镇化"开始流行于学术界,一定程度上吸引了相关学者的关注。目前,新型城镇化已经上升成为国家战略,"逆城镇化"仍然深陷"学术争鸣"的泥淖而难以自拔,对于"新型城镇化"与"逆城镇化"的关系问题,仍然缺少一致性共识,急需自洽性地界定与回应,改变逆城镇化研究在迷茫中徘徊的局面。

第一,普遍现象。逆城镇化是发达国家城镇化进程中出现的普遍现象。早在20世纪70年代,美国学者基于"高度城镇化"背景,由"交通堵塞、住房拥挤、犯罪增加"的城市病触发的"富人阶层、中产阶级"向郊区及乡村迁移的现

象，提炼总结概括出"逆城镇化"这一提法。随后，这一概念风靡全球，在全球各个国家不同语境中加以适用。只不过，基于各个国家不同的历史传统、现实目标、制度设计、政策实施以及发展阶段，逆城镇化展现出多元多样的发展形态，与主流城镇化呈现出不同关系。1949年以后的中国城镇化过程中，在不同发展阶段，基于不同原因，均发生过人口"由城入乡"的逆城镇化实践，对主流城镇化产生了诸多影响。新型城镇化语境中，"国家—社会—个体"的结构关系发生转变，在国家顶层设计框架下，社会转型加速，个体自主选择权增强，新型城镇化背景下的逆城镇化现象，更多的是带有"溢出"色彩，是一种自主理性选择。

第二，区别对待。新中国成立以后，在中国城镇化发展的不同阶段，曾多次出现过与主流城镇化"相逆"的人口迁移现象，如"知识青年上山下乡、户籍人口非转农、农民工返乡"等。对于这些"逆城镇化"现象，学术界持有多重争议，且难以形成定论。受西方学术界影响，中国学术界大多前提性地将"逆城镇化"看成是"高度城镇化"的产物，有助于缓解"城市病"，并将过渡到"再城镇化"。其实，这种观点将西方逆城镇化看成是唯一标杆，与之相符合的就是"真逆城镇化"，不符合的便是"伪逆城镇化"。在时间节点、制度设计、政策实施、资源分配以及内外环境等方面，中国城镇化的复杂性与多样性，均是西方城镇化理论所始料未及的。中国逆城镇化的"真伪、同异以及好坏"等问题的判定，需要从中国实践出发进行研究分析。当前新型城镇化背景下，以"乡村振兴"为取向的逆城镇化，在形式与内容上不仅不同于过去，而且与西方相比具有"非典型性"，需要区别对待。

第三，互相依存。对逆城镇化的争议、理解及分析，需要将其放置于具体情境之中加以考虑，将其与新型城镇化战略相联系，与城镇化的制度设计、政策实施、资源分配、发展阶段等因素结合起来研究。任何时空条件下的逆城镇化，都服从于主流的农业现代化、农村城镇化以及农民市民化。凡是与之发生冲突，均以失败而告终。这一点，不仅西方逆城镇化实践早已佐证，1949年以后中国城镇化进程中带有"社会运动"色彩的逆城镇化现象也已证明。进而言之，当前的逆城镇化不是反城镇化，更不是对新型城镇化的反叛与背离，而是时时受制于新型城镇化战略，更多地表现为对新型城镇化的调适与回应。脱离新型城镇化的具体语境，分析逆城镇化现象，难以深入问题的核心。逆城市化与城镇化始终相互依存,犹如磁铁两极,相斥相吸,互相作用。凡是城镇化无法解决的,则需要逆城镇化发挥作用,二者相辅相成、相得益彰。

第四,共同诉求。新型城镇化表现为人口离开农村、进入城市、实现非农就业,进而实现城市融入;逆城镇化则表现为离开城市、进入乡村,实现地域空间的乡村位移。从形式上看,逆城镇化和城镇化有着截然不同的表现形式,在"城乡连续体"上展现出截然相反的人口迁移。然而,从实质上看,二者并无不同之处,都是基于国家的现代化诉求,服从城乡社会可持续发展需要,满足个体对美好生活的向往与追求。进而言之,从中国实际来看,虽然历史上某种带有"逆城镇化"色彩的人口迁移曾经阻碍了经济社会发展,但是最终仍然表现为城镇化的"复归",仍然服从于城镇化的总体定位。作为事实层面的逆城镇化与城镇化交融共存,但是作为价值诉求层面的逆城镇化,则服从于城镇化的终极定位,以不阻碍城镇化的推进为底线与原则。当代中国"乡村振兴"背景下的逆城镇化现象,更是如此,始终服从于以"人"为核心的新型城镇化战略,不会威胁城镇化的基本趋势。

当代中国新型城镇化背景下的逆城镇化现象,不是对主流城镇化的背离与反叛,更不会对新型城镇化构成威胁与挑战。无论是中产阶级还是返乡农民工,其逆城镇化的发生发展,都是新型城镇化的调适与回应,是新型城镇化的新问题与新现象。当前的逆城镇化,并非历史发展中基于某种特殊目的的强制推动,而是新型城镇化过程中,基于合理利益诉求的合理表达,是个体自主理性选择的结果。即使某些农民工的返乡行为看似无奈而被动,但最终行为的发生,在市场经济中,同样是基于人力资本、社会网络以及制度规范而做出的符合自身"利益最大化"的理性选择。

三、市民化与逆城镇化:显著区别与天然联系

新型城镇化进程中,我们可以直观地感知到农业转移人口市民化实践与诉求,同时也逐渐发现逆城镇化现象的客观存在。但对于二者之间的区别与联系,有待进一步分析。

从性质定位上看,农业转移人口市民化侧重于微观个体的身份角色转型,而逆城镇化则更多地表征微观个体在城乡地域空间的位移。新型城镇化背景

下,国家大力推动农业转移人口市民化,用以配合整体城镇化战略。然而,在实际操作中,基于不同动因,在不同地区又不同程度地发生了"中产阶级、返乡农民工"的逆城镇化现象。二者并行不悖,同时发生于新型城镇化进程之中,互不冲突。其实,农业转移人口市民化可以看成是新型城镇化在微观个体层面的反应,表征着"进城农民工、城郊农民以及村居农民"生产方式、生活方式以及思维方式的城镇化转型。逆城镇化则是不同类型的社会群体,基于不同的人力资本与社会网络,充分利用现有的国家政策与制度设计,做出符合自己预期的城乡地域空间位移。从趋势来看,逆城镇化并非与新型城镇化和市民化背道而驰,只不过新型城镇化难以满足"中产阶级"的利益诉求,或者说"返乡农民工"一定程度上难以顺利实现市民化,因此而采用"逆城镇化"来迂回践行新型城镇化的价值诉求。

从直接原因上看,农业转移人口市民化受国家有计划、有步骤、有目的的强力推动,而逆城镇化更多呈现出微观个体的自主理性选择。当前,在新型城镇化背景下,国家做出"有序推进农业转移人口市民化"这一决策后,通过土地制度调整与户籍政策改革,有效地改善了传统的人地依赖关系;通过财税政策改革与城乡资源配置,一定程度上缩小城乡差距;通过中央政府与地方政府的利益调整,运用绩效考核,将"有序推进农业转移人口市民化"落实到位。从这个意义上看,农业转移人口市民化确实属于国家"选择性"的"模式化运作"。逆城镇化则处于"放任自流"的状态,不仅各级政府对此较少关注,也没有以此为取向的制度调整与政策改革,对于"有没有逆城镇化"这一现象还存在广泛的争议。市民化已经成为各界的共识,而逆城镇化只是在国家领导人提出后,才一定程度上得到学术界、政策界以及社会舆论的肯定性关注。

从结构关系上看,国家不遗余力地推行"农业转移人口市民化",用以提升城镇化的水平与质量,而逆城镇化则处于"国家之外",只是在当前"乡村振兴"背景下得以提及,尚没有上升到政策层面。在城乡发展一体化进程中,有序推进农业转移人口市民化,符合当代中国"乡土社会"向"城市社会"的转型需要,而逆城镇化看似是对这一社会转型的背离,实则是一种适度调适。在国家推动和社会转型的双重驱动下,"有序推进农业转移人口市民化"从上到下在全国各地如火如荼地展开,而逆城镇化虽然处于"国家与社会之外",但仍然受到"国家—社会—个体"这一结构关系作用而发生发展。直言之,受到"国家—

社会—个体"结构关系的强力推动，"有序推进农业转移人口市民化"成为当前的主流战略规划，而逆城镇化则折射出"国家—社会—个体"结构关系的非主流样态。

从产生结果上看，"农业转移人口市民化"是国家推进新型城镇化的直接后果，根本上决定着新型城镇化的成败得失；而逆城镇化则处于国家视野之外，更多地展现为对新型城镇化的调适，表现在微观层面则是中产阶级对"田园风光、乡村生活"的追求，以及农民工基于"进城务工"或成功，或失败后的回归。国家实施"新型城镇化"过程中，地方政府不遗余力地以"市民化"为取向进行政策调整，一定程度上还出现"被市民化"，却绝少有以"逆城镇化"为取向的政策制定，甚至在一些地区还通过政策来阻止"逆城镇化"，担心逆城镇化的发生发展会阻碍城镇化水平与质量的提升，进而影响地方政府的绩效考核。进而言之，新型城镇化可以算作是国家"有意图行为"，"农业转移人口市民化"则顺理成章地成为"有预期结果"，而逆城镇化则是国家"有意图行为"中展现出的"未预期结果"。

由此可以发现一个奇怪的现象，在主流新型城镇化背景下，在"国家—社会—个体"的结构关系作用下，有序推进农业转移人口市民化的同时，也不同程度上地发生了逆城镇化现象。新型城镇化、市民化与逆城镇化，共生、共存、共融于当代中国城镇化进程之中。虽然"市民化与逆城镇化"在政策取向与实践操作中，存在区别。但从价值层面来看，当前的市民化与逆城镇化，均服从于"人的城镇化"的核心定位。而且，市民化与逆城镇化，看似有诸多区别，但从深层次看，毫无疑问都是新型城镇化的结果。只不过，基于不同人力资本、社会网络以及利益诉求，在同样的制度框架内，一部分进城农民工、城郊农民以及村居农民进行"市民化"，一部分"中产阶级、返乡农民工"进行"逆城镇化"，二者并行不悖地发生于新型城镇化背景之中。

四、总结与讨论：城镇化的中国智慧与中国方案

当前，学术界关于新型城镇化、市民化与逆城镇化关系的研究，呈现出分化的状态，导致相互之间的误解与争议。站在新型城镇化的立场，便会认为当前中国城镇化浪潮方兴未艾，正处于"进行时"，不会发生逆城镇化，需要不遗

余力地推动市民化；站在市民化的立场，则认为有序推进农业转移人口市民化是当前及今后的主要任务，不可能发生逆城镇化，也不适宜提"逆城镇化"，逆城镇化会冲击主流的新型城镇化与市民化；站在逆城镇化的立场，则对照西方理论，线性认为当代中国城镇化已经快要进入逆城镇化阶段，需要通过逆城镇化来进一步撬动新型城镇化进程。整体上看，新型城镇化、市民化与逆城镇化研究，局限于各自的学科意识、专业视角、情感介入以及项目责任，经常因误解而诱发争议，阻碍了研究的持续深入，甚至影响了政策制定。

从理论层面看，面对西方城镇化理论"先发制人"的优势地位，以及欧美发达国家城镇化实践"示范效应"的影响，中国本土性的具有描述性和解释力的城镇化理论话语较为弱化，缺少具有指导性和规范性的城镇化理论成果，经常性地对中国城镇化实践的合法性、合理性以及可行性产生争议，影响了现实操作层面中国城镇化的政策实施。围绕中国城镇化实践，频繁产生诸如"土地公私之辩、户籍存废之争、福利供给之议"，且持续至今而没有定论，一定程度上遮蔽了中国城镇化的理论形态。当代中国城镇化研究，依然停留在西方城镇化的"存量理论消费"上，而没有推进城镇化"增量理论生产"，影响了中国城镇化理论的构建。当代中国新型城镇化、市民化与逆城镇化的特殊性、复杂性、多样性，完全有理由和有条件孕育出本土特质的城镇化理论成果，进而为城镇化研究提供中国方案与中国智慧。

从实践层面看，与欧美"市场驱动型"城镇化实践有所不同的是，1949年以后的中国城镇化实践，更多地展现为"国家主导型"。在国家主导之下，当代中国城镇化实践起步晚，但发展快，短短70年的时间，就跻身城镇化国家行列。作为后发赶超型现代化国家，工业化、城镇化以及市民化展现出"非同步发展"的实践样态。正是在这种"非同步发展"的战略支配下，当代中国的传统城镇化战略，转型升级为以"人"为核心的新型城镇化，进而催生出农业转移人口的市民化诉求，同时也呈现出多样化与非主流的逆城镇化现象。无论是"新型"还是"传统"，当代中国城镇化战略都是历史发展的延续，相关的制度设计、政策实施、资源分配以及战略规划，都需要具体情境的考察。脱离当时当地具体情境的分析，抽象性地对新型城镇化、市民化与逆城镇化加以评判，都是不切实际和有失公允的。

综上所述，脱离新型城镇化去谈市民化，只会局限于市民化而看不到市民化背后的城镇化考量，以及中国城镇化道路的复杂性与特殊性；脱离新型城镇化去谈逆城镇化，只会局限于西方逆城镇化理论认知，遮蔽中国逆城镇化的历史演变与现实指向；忽视市民化与逆城镇化的区别与联系，只会将二者置于截然对立的位置，遮蔽共同的新型城镇化联系。当前，"乡村振兴"已经成为国家发展战略，而逆城镇化依然处于潜流涌动之中。究其原因，主要在于现行城乡制度设计束缚了逆城镇化的发生发展。乡村振兴背景下，国家应当强化逆城镇化的制度供给，实现城乡融合发展。新时代，新型城镇化不仅表现为价值理念上的"新视角"，同时也反映出从"物的城镇化"转向"人的城镇化"的"新战略"，即农业转移人口市民化的转型。而且，新型城镇化也并非单向度地以"城市"为终极目标和取向的政策实施，同时还是兼顾城镇化背景下"乡村振兴"的"新政策"，及其呈现出来城镇化与逆城镇化"协调融合"的"新现象"。

第二节 调整优化新型城镇化空间布局

新型城镇化是我国扩大内需、建设强大国内市场的重要支撑，在促进我国高质量发展、推动社会主义现代化建设中具有不可替代的作用，也是满足人民群众对美好生活向往的重要途径。"十三五"以来，我国城镇化进程发生了诸多阶段性新变化，需要在研判制定"十四五"时期城镇化思路和政策时予以重视。即将到来的"十四五"时期，面对错综复杂的国内外形势，我国新型城镇化呈现出新的特征和趋势，进一步调整优化空间布局意义重大。

一、我国新型城镇化进程将处于"五期"叠加阶段

从城镇化有关理论上看，"十四五"时期我国总体上处于城镇化快速发展中后期，将呈现"五期"叠加特征，给城镇化重点选择、政策研判和空间供给带来前所未有的挑战。

一是城镇化速度的持续放缓期。从全球城镇化经验来看，大多数先发国家城镇化率在60%~65%区间开始明显持续放缓，也有少数在55%开始放缓。

当前我国城镇化速度放缓迹象明显,"十四五"时期仍将继续保持放缓的趋势,放缓幅度处于合理区间。

二是城镇化问题的集中爆发期。城镇化快速发展时期,受限于设施短缺、风貌单一、交通拥堵、环境恶化、活力不足、管理滞后等因素,城市发展质量问题很难得到有效解决。进入城镇化快速发展中后期,这些问题将彼此影响、互相蔓延,突发事件容易集中爆发。同时,城镇化的人口结构出现变化,如老年人增多等,从而引发需求偏好的变化,城镇高品质居住、游憩、康养等空间资源严重短缺,这些都对塑造安全均衡高效的城镇化格局和城市环境提出了迫切要求。

三是人口流动的多向叠加期。传统的单向乡城流动正在发生改变,不仅人口从乡向城流动的规模下降,还出现了从城向乡流动的潜在趋势。城市间人口流动总体上流向高等级城市,但在都市圈内部,中心城市的郊区化态势也比较明显,新市民向新城、新市镇聚集,中心城市周边的中小城市吸纳人口的规模扩大。面对人口流动的多向叠加,不仅需要辨明流向、规模,还要区分短期现象还是中长期规律。

四是城镇格局的加速分化期。随着人口流动特征和城镇化推动力的转变,城镇体系格局将长期分化。一方面,城市间人口流动的增加,意味着一些城市快速扩张和另一些城市收缩将长期共存;另一方面,现代服务业逐渐取代制造业成为推动城镇化的主动力,由于服务业更加依赖于集聚效应,人口和其他生产要素将加速向中心城市及都市圈集聚,部分三四线城市人口增长缓慢或持续流出将成为常态。

五是城镇化发展的机制转换期。城镇化快速发展时期,通过改善基础设施、发展住房消费等,实现城镇化与经济增长互相促进。城镇化进入快速发展中后期,人们的进城意愿下降、土地资源短缺、房地产库存上升等问题加重,部分中小城市人口收缩,依赖空间扩张型传统城镇化模式难以为继,迫切需要构建可持续的新型城镇化健康发展机制,为经济增长注入新动能。

二、我国新型城镇化空间布局将呈现"四化"互动趋势

综合分析,即将到来的"十四五"时期,我国新型城镇化空间布局将呈现"四化"互动趋势。

一是空间布局形态多元化。不同城市和区域自然禀赋、发展阶段、产业结构的不同,决定了空间需求的差异性,也决定了当前和未来空间供给的多元化趋势。不仅有宏观尺度上的"城市群—都市圈—中心城市—县城和小城镇"层次性,也有微观地域或业态上的创新走廊、科学城、特色小镇、未来社区、共享空间等新载体。"十四五"时期,随着产业、科技、人口等要素组合的新变化,空间布局形态更加多元。

二是空间布局结构协同化。随着交通运输、产业转移、要素流动的不断增强,"两横三纵"新型城镇化的经济联系明显加强,相互支撑、相互促进的效应不断显现。"两横三纵"城镇化轴带内的重点城市群、都市圈、大中小城市等不同层次和形态之间的相互影响日益扩大,多方向、多领域、多层次的耦合互动效应明显加强。"两横三纵"城镇化轴带之外的其他大中小城市、县城、各类城镇等不同形态间的互促互动功能不断释放,同样呈现互相影响、互相支撑的空间互动效应。"十四五"时期,空间布局结构协同化的范围、水平、深度将进一步拓展和提升。

三是空间布局动力升级化。随着传统依靠要素投入和规模效应作用的线性、准线性城市增长动力模式向要素组织的化学效应、几何效应引起的增长动力模式升级,5G、高铁等更快速的通信、交通设施提高生产服务业的效率,将释放设施升级效应;新技术变革、产业的跳跃性转移、对外开放的扩大和深化,将释放产业升级效应;新增进城主体、劳动力结构转化升级,将释放人力资本升级效应。"十四五"时期,牵引空间布局的动力逐步从传统动力向新兴动力升级转化。

四是空间布局约束刚性化。我国新型城镇化面临着资源约束趋紧、环境污染加重、生态系统退化的严峻形势,各类生态环境风险不容忽视,空间发展的约束更趋刚性化。生态保护红线、永久基本农田、城镇开发边界"三条控制线"国土开发管控日益强化,对于不同形态的新型城镇化空间布局划定了严

格的空间类型边界。"十四五"时期,随着"三区三线""三线一单"等的落地实施,新型城镇化空间布局的刚性约束作用日益增强。

三、加快构建多元、开放、高效、优质的新型城镇化空间布局

"十四五"时期,要以人的城镇化为核心、以提高城镇化质量为导向,优化空间布局结构,提高空间配置效率,改善空间功能品质,增强空间治理能力,支撑重大区域战略实施,适应经济高质量发展的空间需求,不断解决人民日益增长的美好生活需要和不平衡不充分的发展之间的矛盾,塑造多元、开放、高效、优质的新型城镇化空间布局。为此,要把握好以下几个原则:

有序集聚、有机疏解。科学认识当前人口流动模式复杂多元的特征,把握人口向都市圈地区集聚、都市圈功能向中心城市郊区及外围疏解的内在规律,准确判断农村地区人口减少、部分城市收缩的趋势,顺势而为、合理施策,促进城市人口和功能有效集聚、有序收缩、有机疏解。

形态多样、尺度多元。不同地区城镇化基础条件和阶段差异明显,城镇化空间发展需求和重点不同,要树立"全尺度"思维,政策重点既要指向城市群、都市圈等宏观尺度,也要覆盖科创走廊、发展轴带等中观尺度,以及新城新区、园区社区、特色小镇等微观尺度,加快完善适应多类型城镇化空间形态的治理体系。

增量管控、存量更新。适应城镇化发展从规模扩张向存量更新转变的趋势,坚持完善增量管控政策与构建存量更新政策并重,既要严格执行面向增量的管控举措,强化"三区三线"空间管控监督评估,又要加强面向存量的土地制度创新,形成支持城市更新、提质增效的制度性通道。

科技引领、智慧包容。无人驾驶、远程医疗、量子通信、虚拟现实、增强现实、人工智能、物联网等新技术的加速应用和快速迭代,将深刻改变城镇运行方式和居民生活方式。数字城市、未来社区、智能建筑不断涌现,人们的居住形态复杂多样。由于技术创新促使城镇空间发生实质性变革的可能性显著提高,急需建立以科技为引领,多元开放、韧性包容的城镇化建设和治理体系。

四、明确我国新型城镇化空间布局调整优化的总体思路

总体来看,"十四五"时期我国新型城镇化空间布局调整优化可从以下几方面确定思路:

稳规模:保持城镇化平稳放缓。因城施策,进一步推进非户籍人口落户工作,并在关键改革上取得突破。重点城市群和都市圈要加强人口就业和返乡监测,对大学毕业生、新生代农民工等重点群体,要提供专属"菜单",让其在城市干得开心、过得舒心。

调结构:引导城镇格局与资源禀赋、开发强度、发展潜力相适应。进一步增强西部陆海新通道的支撑作用,使之成为支撑我国西部地区的开发轴线和综合廊道,强化节点城市和门户城市作用。推动城市群政策结构性调整,调整优化城镇体系结构,逐步实现因城施策。顺应人口向大都市集聚态势,整合重大资源、平台投放,优化国家中心城市战略布局,强化都市圈中心城市引领作用,提升我国城市的经济综合竞争力。探索以都市圈为单元进行生产分工、政策配置,实现大中小城市和小城镇协调发展。

强功能:完善各类城镇综合配套功能、精准配置政策工具。明确各类城镇功能定位,通过横向统筹、上下联动,在全国层面梳理明确各城市功能,把国家战略意图落实到城市发展定位中。统筹生产生活生态空间,着力提升城市生态功能,扩大公共开敞空间。以提升创新功能重塑城镇空间格局,坚持城市创新、产业升级与吸纳就业联动推进,推动综合性国家科学中心、创新中心、"双一流"大学、科研院所合理布局,构建与城市发展协同的开放型区域创新网络。推动各类城市尊重自然形态格局,注重历史文脉传承,发展现代文化、健康养生,形成符合实际、各具特色的城镇化发展模式。

多形态:坚持因地因时制宜、多种形态并举。打造以中心城市为引领的都市圈。严格规范新城新区建设。中小城市要提高承载能力和特色,找准发力领域。重视特色小镇在空间提升和功能嵌入上的开创性,深入分析暴露出的问题,加快找到解决路径和支持办法。鼓励各类空间形态探索创新,支持科创走廊、科学城、生态城、文化城、未来社区、共享农庄等多样化发展,实施有利于要素集聚、产业拓展、空间融合的政策措施,形成一批创新共同体、城乡融合体等。

高效益：推动城镇化经济社会生态效益并重、近期效益与长远效益兼顾。统筹生产生活生态空间布局和功能定位，注重发挥规模经济和范围经济效应，实现生产空间集约高效、生活空间宜居适度、生态空间山清水秀。坚持向制度创新要效益，深化集体经营性建设用地入市改革，完善闲置宅基地退出或转化为集体经营性建设用地入市的制度通道；向混合利用要效益，加快完善城市用地混合、兼容性利用的举措，提高功能多样性，促进产业转型和效率提升；向空间品质要效益，要加快更新城市建设管理理念和办法，建设品质城市、品质社区和品质空间，通过化解新的空间问题提高效益，破解集聚不经济、内城衰落、职住分离、空间分异等新问题。

第三节　新型城镇化视域下人的城镇化

　　城镇化是实现现代化的必由之路，是促进城乡一体化的内在动力，是推动城乡经济发展的有力支撑。在国家新型城镇化规划中，提出以人的城镇化为核心，合理引导人口流动，有序推进农业转移人口市民化。这种人的城镇化既要有量的要求也要有质的飞跃。城乡建设最显著的特征就是快速城市化，城乡发展中出现的问题也日益引起社会的高度重视。人的城镇化在释放内需、促进制度创新、实现农民工市民化等方面起着积极作用。

一、人的城镇化及其在城乡一体化建设中的重要性

　　为了更好地推进城乡一体化，党的十八大提出了"新型城镇化"的概念，2014年又出台了《国家新型城镇化规划（2014—2020年）》，明确了中国未来城镇化的发展路径，为城镇化的发展指明了方向。这是基于我国目前大城市过度膨胀、小城市（镇）发展后劲不足、农村发展缺乏动力的现实状况做出的战略选择。新型城镇化提出要以人为本，以人的城镇化促进城镇化的转型升级。

　　人的城镇化的内涵。城市是"城"和"市"的结合体，"城"是一个安全概念，指为人口集聚地提供安全保卫的地域；"市"是一个商业概念，指进行商品交易的场所。人的城镇(市)化是指人口向城镇集中或乡村地区转变为城镇地区，从而变乡村人口为城镇人口，是城镇人口比重不断上升的过程。

人的城镇化与城乡关系。马克思说过:"一个民族的生产力发展的水平,最明显地表现于该民族分工的发展程度。任何新的生产力,只要它不是迄今已知的生产力单纯的量的扩大(如开垦土地),都会引起分工的进一步发展。"在马克思看来,分工不仅制约着生产关系,同时也制约着分配关系,分工首先在工商业和农业劳动方面引起分离,进而引起城乡的分离和城乡利益的对立。同时马克思强调:"物质劳动和精神劳动的最大的一次分工,就是城市和乡村的分离。"

我国的城乡关系发展大致经历了两个阶段,分别是农村包围城市阶段和城市领导乡村阶段。我国的城乡关系因为"农业"与"非农业"间的界线逐渐被打破才得以缓和。城乡关系与人的城镇化是相互影响的。一方面,人的城镇化是城镇化的重要支撑,城乡人口的自由流动带动城乡间的经济流动,城乡之间的物资互换提高了农民的购买力,扩大了内需;另一方面,城镇经济的发展又进一步促进和带动人口的集聚,促进人的城镇化。城乡间物资交流的扩大为城镇带来资本与劳动力,城市与农村互为市场。同时,随着政策的放宽,农村人口向城市集聚,逐渐与城市融合。

人的城镇化在城乡一体化建设中的重要性。城乡一体化是在生产力高度发达的条件下,城市与乡村实现结合,以城带乡、以乡补城、互为资源、互为市场、互相服务,达到城乡之间在经济、社会、文化、生态方面协调、均衡发展的过程。它是城乡之间的双向互动,其关键在于改善城乡关系,实现共同繁荣和发展是其最终目的。人的城镇化的过程,是农民进入城镇就业并融入城镇生活的过程,我国目前人口的流动状况是"迁而不移"或"只迁移不融合"。城乡一体化建设中农民在就业、医疗、卫生、教育等方面没有稳定的保障。因此,要实现人的城镇化,农民变市民,变的不是一种身份而是一种职业,同时还应该同市民一样享受同等的权利,实现基本公共服务均等化。

二、人的城镇化转型中的主要制约因素

城镇人口占地区总人口的比重是衡量地区人的城镇化率的唯一量化标准。我国在城镇化过程中,出现了一系列问题,导致城镇化率不高。推动规模城镇化向人的城镇化转型,需要打破传统城镇化的旧观念、旧框架。

户籍的制度性障碍。中国城乡二元分割的户籍制度始于20世纪50年代末,是横在城乡间的一道"鸿沟"。我国城乡分离的户籍制度对人的城镇化在"量"和"质"上存在深刻影响,表现在:第一,严重阻碍了农村人口向城镇转移,延缓城镇化进程。以户籍为依据的社会保障制度,又进一步加剧了城乡人口之间的不公平,没有城市户口的农民工在城市中处于弱势地位,即使脱离了农村,但仍属于农村户籍,延缓了人的城镇化的进程。第二,阻碍了转移人口的市民化。长期受户籍制度的影响,农民工的生活轨道被锁定,即年轻时外出打工,年老后返乡务农;农闲时外出打工,农忙时返乡务农。这些"流而不迁"的农民工,在很大程度上阻碍着人的城镇化。

土地产权制度的制约。目前关于"谁是中国土地的所有者"的说法一直争论不休,这导致土地在承包经营权流转过程中,农民的权益受到损害。土地无论是属于国家还是集体,都不能以牺牲农民的利益来换取经济的发展。农村土地归农民集体所有,农民在入城务工时把土地承包经营权转让出去,不仅可以增加收入,还可以促进土地资源的合理利用。但城市在扩张中所需要的土地,一般都是由政府先征地,再拍卖,农村土地等生产要素不断流入工业化和城镇化等非农领域,土地就变成了国有土地。这种土地流转方式使得城市房价居高不下,导致农村进城务工人员在城市定居很困难,也很难实现农民工市民化,也导致人的城镇化进程减缓。

实践与发展理念不统一。城镇化是经济发展的主推力,如果不考虑市场需求及客观现实,不遵循城市建设的客观规律,过分追求城镇化指标,以财政脱贫致富为动机,盲目地利用行政力量,"摊大饼"式一味地造城,必然会造成大量的空城、"鬼"城,也会造成资源的浪费。同时,相较于人的城镇化,加快土地城镇化在政策措施上更容易操作,取得的成效也更明显,而且随着流动人口的剧增,也会给城市带来很多的社会压力和社会问题,导致政府在促进人的城镇化方面的后劲不足。这在一定程度上限制了人的城镇化进程,导致了土地城镇化远远快于人的城镇化。城镇化不是"房地产化"和"造城运动",不能见房不见人,必须要以人为核心,促进人的城镇化。

三、实现人的城镇化的路径选择

未来的城镇是人的城镇，充分发挥人的作用是必然的。人的城镇化作为新型城镇化的核心，具有拉动内需、带动产业结构的优化升级、促进城乡一体化等作用。如何实现人的城镇化可以从以下几个方面着手：

转变发展理念。目前我国政府提出供给侧结构性改革，突出体现了"绿色""共享"的发展理念，在城镇化的建设中可以运用。由于城乡的二元经济结构，国家的政策偏向于城镇，而对农民的扶持力度相对较小，导致城乡在发展理念上的差距拉大。农村和城市相比，农村首先要满足的是物质消费，而城市首先要满足的是精神消费；同时，我国产业结构分配不合理，不利于城乡一体化的实现。因此，一方面，政府在制定政策时要做到城市和农村优势互补，统筹发展，做到资源和人才的"共享"；另一方面，政府要转变城镇化的发展理念，由规模城镇化向人的城镇化转变，由"量"向"质"转变，真正做到绿色发展、和谐发展。

合理规划不同区域人的城镇化发展模式。由于社会历史条件、资源和地理环境的不同，以及各地经济发展的不平衡，决定了我国人的城镇化的发展模式不可能是单一的，必然是各具特色的。首先，在进行长远规划的时候要立足区位优势，充分发挥地区优势。国内城镇化发展已经有几种模式，这些地区充分利用本地区优势，开发适合自己的特色产业，带动城镇的发展。其次，合理规划城市和乡村的发展道路。新型城镇化提出要实现现代化、生态化，这就要求在城镇化的进程中速度和质量统筹兼顾，实现可持续发展。最后，充分发挥人的作用。城镇化过程中需要不同的"人"，要做到人尽其才。

加快户籍、土地等制度改革创新。作为新型城镇化的出发点和落脚点的人的城镇化，要充分发挥其作用，首先要推进户籍制度的改革创新，调整人口政策。党的十八大报告提出"加快改革户籍制度，有序推进农业转移人口市民化，努力实现城镇基本公共服务常住人口全覆盖"。人口在全国范围的自由流动和统一管理有利于人的城镇化的转型发展。其次，要推进土地制度改革，统筹城乡土地制度一体化。目前我国没有一部具体而又完整的《土地征收法》来规范征地过程中各权利主体的权利和义务。深化农村土地管理制度改革，让农民"带资进城"或"带财产进城"。最后,要加快公共服务制度等的改革创新。打破城乡二元结构,扩大城镇基本公共服务覆盖范围,出台城乡基本公共服务均等化政策。

推进农业转移人口市民化。农民工是我国经济社会转型时期形成的一个规模庞大的特殊群体,这个特殊群体在为工业化、城市化做出历史性巨大贡献的同时,却难以公平分享改革发展的成果。目前,我国已进入城乡一体化的加速期,实现农民工市民化,转变农民工身份已成为时代发展的必然趋势。李克强曾指出:"城镇化的过程是农民变市民的过程,把符合条件的农民逐步转变为城镇居民,协调推进城镇化是实现现代化的重大战略选择。"农民工在城镇居住呈长期化趋势,但农民工却没有真正地融入城镇。我国是一个人口大国,要实现人的城镇化,必须消除对农民工的各种歧视,提高城镇化的质量,逐步完善农民工和城镇居民的社会保障制度,缩小农民工与城镇居民社会保障的差异。

城镇化是一个复杂的系统工程,直接影响着各方面改革的进程,因此城镇化具有我国最大的内需潜力,农民转化为市民对促进消费观念的更新和消费结构的升级有着重要的作用,同时还可以提高劳动生产率。但受长期城乡二元结构的影响,特别是户籍制度的制约,实现人的城镇化仍是一个长期的任务。实现人的城镇化,需要立足国情,以科学发展观为指导,按客观规律办事,科学合理地制定政策和规划,统筹发展规划、城乡规划、土地规划。作为一个人口大国,在城镇化建设进程中,不能以农业和粮食换取城镇化,谨防耕地面积被过分占用,提防土地城镇化高于人的城镇化,城镇化必须与工业化、农业现代化协调推进。在城镇化的过程中只有把各方面工作都统筹起来,才能实施好城镇化这一重大战略任务,才能实现中华民族伟大复兴。

第四节　城镇化和逆城镇化相得益彰：
新型城镇化之路

在全国各地加快城镇化建设的热潮中，出现了部分城市人口向城郊和农村迁移的"逆城镇化"现象。本节由此入手，分析了我国城镇化建设的发展现状，指出了我国城镇化建设过程中"逆城镇化"的发展阶段，从城镇化发展战略、城乡规划引导、管理制度改革以及公共服务均等化四个方面，提出城镇化和逆城镇化相得益彰、相辅相成的建议，以期促进城乡一体化发展，实现以人为核心的新型城镇化。

一方面要继续推动城镇化建设；另一方面，乡村振兴也需要生力军，要让精英人才到乡村的舞台上大施拳脚，让农民企业家在农村壮大发展。城镇化、"逆城镇化"两个方面都要致力推动。城镇化过程中农村也不能衰落，要相得益彰、相辅相成。学习习近平新时代中国特色社会主义思想，正确理解以人为核心的新型城镇化建设，必须正确对待城镇化与乡村振兴两个方面的关系，使城镇化与"逆城镇"化相得益彰、相辅相成。

一、我国城镇化的现状

城镇化，又称城市化，是指随着生产力的发展、科学技术的进步以及产业结构的调整，一个国家或地区由以农业为主的传统乡村型社会向以工业（第二产业）和服务业（第三产业）等非农产业为主的现代城市型社会逐渐转变的历史过程。具体包括人口职业的转变、产业结构的转变、土地及地域空间的变化等。世界范围内的城镇化进程起源于工业革命时期，是世界各国工业化进程中必然经历的历史阶段。

与西方发达国家相比，我国的城镇化进程起步较晚，但发展速度很快，尤其是改革开放40年来，我国经历了世界上人口规模最大的城镇化进程：1987年，我国城镇总人口仅为1.72亿人，占全国总人口的17.9%；国家统计局《2018年国民经济和社会发展统计公报》显示，2018年，我国城镇总人口达到8.31亿人，占全国总人口的59.58%。也就是说，40年来，我国城镇化率年均增长超过

1个百分点,平均每年有1900万左右的农村人口进入城镇定居和就业。如果按照每年增长1个百分点的速度计算,到2030年,我国城镇化率将达到70%,城镇人口将接近9.8亿。虽然我国的城镇化速度是前所未有的,但与之相配套的制度改革却采取了渐进的方式,并没有做到与城镇化发展同步推进,使得城镇常住人口城镇化率与户籍人口城镇化率之间形成了一个缺口:2018年常住人口城镇化率为59.58%,户籍人口城镇化率为43.37%,两者存在16个百分点的差距。换句话说,目前在城镇就业的2.87亿农民工及其随迁家属还没有获得城镇户口,真正在城镇落户,如果城镇化率达到70%,意味着还要有将近2亿人口进入城市。因此,持续通过户籍管理制度改革推进城镇化进程,实现农业转移人口市民化,任重而道远。那么,在我国城镇化发展任务如此艰巨繁重的情形下,为什么要提"逆城镇化"问题,这要从我国现阶段经济社会发展的不平衡性进行分析。

二、我国的"逆城镇化"现象及原因

(一)"逆城镇化"现象的产生及其特点

"逆城镇化"也称"逆城市化",最早起源于英国城市规划的边缘人士霍华德于19世纪末提出的"田园城市"构想:在不影响英国社会既得利益集团利益的前提下,创造一个将农村生活优点和城市生活优点结合的人居环境。"二战"后尤其是20世纪70年代后,"逆城镇化"开始在美国出现并逐步扩展到欧洲以及更多的发达国家。当然,"逆城镇化"并不是"反城镇化",而是指城镇化发展到一定阶段,人口由城市向农村迁移的现象。随着城镇化进程的加快,城市的人口越来越多,交通拥堵、住房紧张、污染严重、犯罪增长等城市病也越来越多,为了寻找更好的生存环境,城市的人口、就业、商业以及服务业开始向远郊区和农村地区扩展。当前,由于我国地区经济发展不平衡,一些经济发展水平高、城镇化率高的地区已经出现了"逆城镇化"现象。总体来说,我国的"逆城镇化"现象有三个特点:

从农村产业结构来看,第二、第三产业的比重在增加。城镇化发展到一定阶段,工业布局呈现远郊区化,这是国际社会城镇化发展的普遍规律。在我国,由于不同地区城镇化发展差距较大,东部发达地区(如京津冀、长三角、珠三角三大都市圈地带)和中西部地区特大城市(如成都、武汉、郑州)辐射范围内的地方城镇化率非常高,已经接近发达国家水平,并且在这些城市圈内已经出现了城镇居民向郊区迁移的现象。由于这些地区的农村经济发展水平都比较高,人均收入、生活质量、社会保障都与中心城市的差距较小,吸引了很多的社会资本、产业项目甚至高端人才集聚,不仅为当地创造了大量的就业机会,还带动了相关服务业发展,促进了当地产业结构的转型升级。农村经济中第一产业所占的比重在下降,第二、第三产业比重上升,原有农村的农民越来越多地从事工业、服务业,从事农业的人数不但不增加,反而持续减少。

从农民的收入构成来看,绝大多数农民的收入来源于非农收入。截至2018年年底,我国常住人口城镇化率为59.58%,这还是把在城市居住6个月以上,到城市打工的农村户籍人口作为"城镇常住人口"后的统计数据。如果只从这个数据分析,我国还没有完成农村人口大规模向城市迁移的城镇化阶段,尚未达到"逆城镇化"阶段。但考虑到我国地区间经济社会发展不平衡的特殊国情,可能会出现城镇化和"逆城镇化"叠加的现象,即在城镇化总体上未完成人口由农村向城市集中迁移的阶段,已经产生了大量的"逆城镇化"现象。事实上,在很多经济发达地区,农民大多数劳动时间不再从事农业生产劳动,大多数家庭收入也不再是来自土地收益。在这些地区大部分农村家庭的可支配收入中,外出打工的工资性收入和从事非农的经营性收入占到整个家庭收入的2/3以上。从这方面说,我国现有农村人口的收入构成已经发生变化,绝大多数的农村居民不再从事农业生产劳动,非农业收入逐渐成为农民的主要收入来源。

从整个社会的需求变化来看,乡村生活开始复兴。进入新时代,人民对美好生活需要日益广泛,产生了日益多元化的生活性消费需求。在这种情况下,出现了一些长期居住在城市的人口主动"走向乡村""走入小城"的"逆城镇化"趋势。这些现象逐渐改变了一些乡村的状态,促进了乡村生活的复兴,又具有"逆城镇化"的一些特点,主要表现在以下几个方面:

乡村休闲旅游产业蓬勃发展。近年来,我国休闲农业和乡村旅游迅速发展。2018年,我国休闲农业和乡村旅游接待游客超过30亿人次,营业收入超过8000亿元,成为调整农业结构的重要途径和加快现代农业发展的强大推动力。尤其是在乡村振兴的大背景下,越来越多的资本流向农村,越来越多的旅游项目落户农村。农村休闲旅游成为激发"大众创业、万众创新"的重要领域。以重庆市为例,仅2018年,重庆市休闲农业和乡村旅游从业人员达到130万人,约占全部总人口的4%(2018年重庆常住人口为3101.79万人),带动100多万农民就业,带动33万贫困人口脱贫增收。

乡村异地养老现象越来越多。近些年来,结伙搭伴到农村养老已获得越来越多的城市老人认同,并逐渐成为一种新的潮流。受大城市交通拥堵、住房紧张、物价高昂等因素的影响,很多老年人选择异地农村养老,以改善生活品质、缓解城市压力、安享晚年。事实上,在全国很多气候宜人、生活安逸的特色小镇和乡村,都出现了越来越多深受大城市老年人喜爱的"健康养护中心"。比如,位于河北三河市燕郊镇的燕达金色年华健康养护中心就成为北京市很多老年人养老的最优选择之一。该养护中心一期共有2300张床位,已全部住满,其中98%左右为京籍老人。

城市人口到乡村长期居住,带来了乡村的繁荣。一方面,很多在城市感觉生活压力大的城里人选择到乡村居住。如在我国云南、贵州、四川、广西等很多地方的农村,就出现了一些来自全国各大城市的人群聚居点,这些人的到来给乡村的发展带来了活力,给乡村生活带来了生机。另一方面,受国家政策和市场形势的影响,一些农民工、退伍军人、大学毕业生、科技工作者开始回乡就业、返乡创业,促进了当地农村三大产业的融合发展。尤其是近些年来,选聘高校毕业生到村任职制度、农村第一书记制度的实施,给农村带来了新的发展理念和发展思想,改变了这些地区的落后面貌,促进了农村经济社会的健康发展。

(二)"逆城镇化"现象出现的原因

与发达国家高度城镇化后的"逆城镇化"相比,我国的城镇化总体上可能还没有达到"逆城镇化"阶段,但"逆城镇化"现象却在很多地方已经出现。究其原因,主要有以下几个方面:

产业结构的调整,使农业农村成为新的投资空间。从2004年到2018年,国家层面连续十五年发布以"三农"(农业、农村、农民)为主题的中央一号文件,不断强调"三农"问题在我国社会主义现代化时期"重中之重"的地位。进入新时代,将乡村振兴战略作为全面建成小康社会决胜阶段的七大战略之一。由此可见,党和国家对农业农村工作的重视程度。经过十几年的发展和建设,我国广大农村面貌发生了巨大变化，农业经济结构已经发生了重大的调整，主要表现为：

工业空间结构的调整，推动了特色工业小镇的兴起。从发达国家的经验来看，工业企业远离中心城市，并向中小城市和小城镇迁移，是城镇化发展到一定阶段必然出现的现象。一方面，随着第三产业尤其是服务业的发展和城市人口密度的加大，用地成本大幅度增加，为了减少生产经营成本，一些企业不得不选择土地价格更低的中小城市和小城镇或者是更远的农村地区。另一方面，原有工业集中发展模式导致了人口过度集中，产生了交通拥堵、住房紧张、环境污染等众多问题，给城市人口结构和公共服务带来了很大的压力。为了缓解这些压力，欧美一些发达国家的规模性企业基本都分散在与城市有一定距离的中小城市和小城镇。在我国，从2014年开始，由浙江省发起的特色小镇，将高品质生活配套与特色产业发展融为一体，形成"城乡一体化"功能聚集区，开创了新的工业园区发展模式，吸引了大批中心城区的工业企业落户。截止到2018年2月，我国的特色小镇数量已经超过2000个，工业企业郊区化、向具有产业特色的工业小镇甚至市场集中度高的农村（如特色淘宝村）落户，已经是大势所趋。

农业产业结构的调整，促使更多的城市资本流向农村。当前，我国主要农产品的自给率已经大幅度提高，但产品供给与城镇化发展需求之间还存在着一定差距，也就是供需不平衡。一方面，农业生产还没有全面实现适度规模经营，一些地方依旧生产方式粗放、效率不高；另一方面，农产品结构还需要进行调整升级。2018年，我国进口的农产品总额为1371亿美元，受中美贸易摩擦的影响，大豆进口量七年来首次下滑（达到8803万吨），但仍是我国最大宗进口农产品。如果从内部调整农村经济结构、优化农业产业结构，仅依靠农业资本和农村投资者是远远不够的，必须抓住城镇化带来的机遇，强化城市资本对农业经济的扶持力度，促进农村经济结构调整升级，增加农民收入，促进农村经济向更高质量发展。根据发达国家城镇化发展的成功经验，城市化率达到60%以上就可进行工业反哺农业、城市支持农村。从我国的现有国情来看，城镇化率已经接近60%，且农业占整个产业的比重还不到10%，已经具备城市支持农村的条件。因此，只要适当放宽现有的政策限制，就可以引导城市资本向农村流动，加快工业反哺农业的进程，促进农村发展和农民富裕。事实上，在京津冀、长三角、珠三角都市圈内和中西部城镇化度高的发达地区，通过投资农业的"逆城镇化"带动农业升级和农民增收，已经成为农村健康发展的可行性选择之一。

交通和网络基础设施的改善，加强了城市与农村之间的联系。2018年，我国公路通车总里程达484.65万公里，是1978年的5.5倍，其中高速公路里程居世界第一，达到14.26万公里；全国铁路营业里程13.1万公里，是1978年的2.6倍，其中高铁营业里程2.9万公里，超过世界高铁里程的2/3。这些基础设施的改善，不仅增加了人们出行的选择方式，也创造了更多新的投资空间。尤其是一些大城市都市圈和城市群交通基础设施的改善，使资本下乡、生产下乡、消费下乡的阻力大为减小，有效缩短了城乡距离，加快了城乡一体化发展。同时，信息通信技术与互联网技术的结合极大地缩短了人才、资本、项目等要素流通的空间距离，进一步强化了城乡联系。与国际上其他国家相比，发挥网络优势、利用电子商务加强城乡之间联系是我国"逆城镇化"进程中最重要的特色经验之一。据统计，截至2018年10月，我国共有淘宝村3202个、淘宝镇363个。在浙江、广东、江苏、山东等地出现的一批专业淘宝村已成为城乡联系的重要纽带，成为影响我国农村经济发展不可忽视的新兴力量。从现有的各种农产品互联网销售的情况来看，城乡之间通信成本、交通成本、物流成本的降低，加快了城乡之间要素的流动，提高了农村地区的投资吸引力。

农村生态环境的优化，满足了国内居民消费升级的新需求。党的十八大以来，党中央从统筹推进"五位一体"总体布局的战略高度，对生态文明建设和生态环境保护提出了一系列新思想新论断新要求，为建设美丽中国、实现中华民族永续发展指明了前进方向。近些年来，各地纷纷提出生态立省、生态立市、生态立县的口号，实施生态发展战略。保护生态环境，极大地满足了我国消费升级和消费结构转变的需求，并且从中取得了巨大的收益。在一些生态环境资源有发展潜力的山区和边远地区大力发展与生态有关的旅游业，极大地满足了城市消费者对天蓝水绿新生态的生活需求，带动了当地农民就业，促进了当地经济社会的发展。比如，贵州近几年提出生态立省的战略，并且长期坚持实施，旅游业的发展已经超过云南。河北张家口长期实施生态保护政策，吸引了从北京来的大批游客，带动了当地经济特别是农村地区的发展。同时，"逆城镇化"现象不仅可以带动远郊农村地区的发展，也成为打赢精准脱贫攻坚战的重要抓手。如今,大小长假期间,传统的观光型景区已经不能满足游客的需求,新的以生态环境为基础、以少数民族为特色的景点,将少数民族特色与传统的观光旅游相结合,成为吸引国内外游客的新热点,加快了边远地区、贫困地区脱贫致富的步伐,极大地促进了少数民族地区经济社会的发展。可以说,这种"逆城镇化"现象,给农业农村的发展和国家乡村振兴战略的实施以及打赢精准脱贫攻坚战都带来了千载难逢的机遇。

三、坚持城镇化和"逆城镇化"相得益彰,实现以人为核心的新型城镇化

我国的新型城镇化,"新"就新在更加强调以人为本,以人的城镇化为核心,通过城乡基础设施一体化和公共服务均等化,实现新型城镇化和农业现代化相辅相成,促进城乡一体化发展。从这个意义上说,坚持城镇化与"逆城镇化"相得益彰、相辅相成,与我国城乡一体化发展和乡村振兴战略的实施在本质上是一致的。现阶段,一方面,我国城乡差异较大,很多农村地区由于青年人外出打工和原有乡镇企业的衰落,出现了"农村空心化、农业边缘化、农民老龄化"的现象,农村经济发展的活力有待提升;另一方面,随着城市人口走入乡村,"逆城镇化"现象随处可见。因此,要想实现以人为核心的新型城镇化,必须实现城镇化与"逆城镇化"同步推进,相辅相成。为此,要做到以下几点:

(一)坚定不移地实施新型城镇化发展战略

新型城镇化是以城乡统筹、城乡一体、产业互动、节约集约、生态宜居、和谐发展为基本特征的城镇化,是大中小城市、小城镇、新型农村社区协调发展、互促共进的城镇化。这是我国建设现代化强国的必由之路,是解决农业农村农民问题的主要途径,是新时代推动区域协调发展的有力支撑,是加快推进供给侧结构性改革的重要抓手。这说明新型城镇化既有农村向城市的流动、农民向市民的转化,也有城市向农村的流动、市民向农民的回归,既包括传统的城镇化过程,也包括"逆城镇化"过程。因此,要坚定不移地推进以人为核心的新型城镇化,在加快农业转移人口市民化的同时,为城市转移人口向农村流动创造条件,加快构建以城市群为主导的大中小城市和小城镇发展的新格局。做到这些,一方面,要促进快速城镇化地区、中西部地区农业转移人口市民化;另一方面,要有序引导特大城市圈内的中小城市、小城镇对中心城市进行城镇

人口和产业功能的疏解，调整中心城市的功能结构和空间结构，把政治中心、经济中心、文化交流中心等功能向具备一定条件的中小城市和远郊区疏解，以增加这些地区的辐射带动能力，提高其对人才、项目、资金的吸引力。

（二）强化城乡建设规划的引导作用

城镇化建设是一项涉及问题多、影响面大、政策性强、事关人民群众切身利益的综合性战略工程。必须从整个地区未来发展、城乡合理布局的层面，做好城乡建设规划工作，充分发挥其对经济社会发展的引导作用。目前，我国城镇建设都有规划，但农村地区则缺乏具体的、可操作性的规划，更没有负责城乡规划的专门机构和经费。因此，强化城乡建设规划的引导作用尤其是对农村建设规划的引导，是实现以人为核心的新型城镇化和加快城乡一体化建设的必要前提。为此，应当在坚持18亿亩耕地红线不动摇的前提下，盘活农村现有的闲置土地，发挥其最大价值。如一部分农村地区还存在很多没有开发的荒山荒滩荒坡和边角余地及空置的宅基地在合理整治后具有一定的使用价值，能够为"逆城镇化"的市民提供生活居住和商业开发用地，对这类土地必须坚持三个条件：一是坚持规划的科学性。从本地区经济社会长远发展的角度出发，将土地开发与产业发展、小城镇建设、旅游开发等众多因素统筹考虑，充分利用"逆城镇化"消费的大趋势，建设一批适应消费者需求变化、适应本地发展特色的互补性投资项目，力求保留文化传统延续和经济社会建设协同发展，坚决禁止乱开发和土地随意转让的行为。二是要坚持规划的前瞻性。在坚持土地国有和集体所有的前提下，统筹兼顾各方面利益，妥善化解土地规划和房屋拆迁之间的矛盾，警惕市民通过"非转农"分享农村集体经济收益、相关征地补偿、回迁安置住宅，防止利益不能兼顾造成新的社会风险。三是坚持规划的严肃性。要对土地进行严格的用途管制，政府管理者、土地所有者、开发者不得随意修改城乡规划，必须严格按照规划确定的用途和条件进行开发建设，实现"一张蓝图绘到底"。

（三）加快城乡管理制度改革步伐

制度改革要具有导向性，为此，要加快城乡管理制度改革步伐，改革现有的不适应城乡一体化进程的管理制度，为实现城乡融合发展，加快以人为核心的新型城镇化创造条件。

改革城乡户籍管理制度，取消户籍制度的附加功能，以市场机制引导新型城镇化发展。深化户籍管理制度改革，应简化户籍的承载功能，使其仅成为国民身份和享有国民待遇的身份证明。对于附加在户籍上的就业待遇、学历教育、社会管理等功能应全面取消。要通过稳定土地承包关系长久不变、农村宅基地使用权不变、农村集体经济股份制改造及土地承包经营权的自由转让、农村宅基地使用权的自由交易和农村集体经济股份的自由交易，为城乡人口自由流动创造条件。

加快适应乡村振兴需要的各项土地管理制度的改革。一方面，进一步解放思想、深化改革。深入总结农村"三块地"改革试点的经验，在不改变农村建设用地集体所有制的前提下，进一步探索集体建设用地和宅基地使用权的贷款、抵押和担保制度，通过所有权与使用权分开的产权制度改革试点，有序推进集体建设用地和宅基地进入城乡建设用地市场。另一方面，强化土地制度改革的政策引导作用，放宽市民购买农村集体建设用地房屋的准入条件，允许参与乡村振兴战略实施的投资者和农业休闲旅游的开发者购买农村闲置土地和宅基地，引导银行、证券、基金等金融机构支持城市投资者与农民一起投资合作促进乡村振兴的各种项目。

形成新的城乡产业空间布局。产业兴旺是新时代实施乡村振兴战略的要求之一，为此，首先要注重产业引导，充分发挥政府宏观调控职能，鼓励城市资本向中小城市、小城镇以及农村地区流动。坚持以市场为导向、以企业为主体，降低市场准入门槛，支持企业在现代农业、农村休闲旅游、田园社区以及田园综合体等方面进行开发，促使投资者、开发企业与农村集体经济组织以及农户之间建立良好的合作关系。同时，要遵循工业布局"逆城镇化"的发展规律，改革传统的产业园区发展模式，形成新的产业空间布局，对于长期闲置的农村工业用地（如原有的乡镇企业驻地），可根据市场需求和本地产业特色探索调整为服务业用地，并通过小块拍卖的形式允许城市投资者发展新的产业模式。

培育新型职业农民。新型职业农民是指以农业为职业、具有相应的专业技能、收入主要来自农业生产经营并达到相当水平的现代农业从业者。与传统农民被赋予的身份不同，新型职业农民是主动选择农民职业并且有文化、懂技术、善经营、会管理的新型农民。在乡村振兴战略的背景下，大力培育新型职业农民是强化乡村振兴人才支撑的重要途径。为此，一是建立完整的制度体系，从环境、制度、政策等层面引导和扶持，重点是构建包括教育培训、认定管理、扶持政策等相互衔接、有机联系的国家制度体系。二是培养认定一批新型职业农民，根据乡村振兴对不同层次人才的需求，依托农民培训和农业项目工程，通过送教下乡，采取进村办班、半农半读等多种形式，对有一定产业基础、文化水平较高、有创业愿望的农民开展创业培训，帮助他们增强创业意识、掌握创业技巧、提高创业能力，不断发展壮大新型职业农民队伍。三是建立一套信息管理系统，利用大数据、云计算等现代信息技术，建立新型职业农民档案管理信息系统，通过动态管理，保证对其开展经常性培训、提供生产经营服务、落实扶持政策等工作的顺利进行。

（四）推进城乡基本公共服务均等化

近些年来，我国在促进城乡基本公共服务均等化方面取得了举世瞩目的成就。在城乡基础设施改善方面，很多地区都设立了专项基金，帮助农村家庭改厕所、改厨房、改畜圈，明显改善了农村居住环境，提高了农民的生活水平。但从法律意义上说，城乡之间的公共服务和基础设施建设体制还是分割的，供水、供电、通信、交通、垃圾处理、公共照明等，在城市都是政府部门的责任，也有专门的财政经费保证。而在很多农村地区，这些基础设施的普及率并不高，即使有基础设施，也没有专门的财政资金去维护，更没有强大的村集体经济去保证管理，由此导致很多农村地区的公共服务和基础设施的"最后一公里"难以解决。为此，要按照党的十九届三中全会的要求，健全公共服务体系，推进基本公共服务均等化、普惠化、便捷化，推进城乡区域基本公共服务制度统一。同时，建立农村基础设施专项维修基金，打造农村公共服务专业服务队伍，保证其更好地发挥为民服务的作用，为城市资本和消费人口到乡村投资和消费创造良好的条件，促进乡村振兴项目以及城市资本和农村产业的双向融合。

第三章 新型城镇化与文化消费

伴随着我国国民经济的飞速增长,城镇化建设水平得到了显著提升,人们的生活水平也得到了明显提高,人们的消费需要也有所改变,开始注重文化消费。基于此,本章对城镇化与文化消费展开讲述。

第一节 城镇文化消费的基本内涵及研究

一、城镇文化消费的概念解析

作为社会经济活动中的一个重要环节,消费在不同的历史阶段和社会经济制度中,扮演的角色和发挥的作用都存在着很大差异。在市场经济环境中,消费既是社会生产的目的,也是经济发展和社会进步的重要推动力,是生产、交换和分配的出发点和立足点,只有消费才是评价和实现产品价值的最终环节。

根据国家统计局《城镇住户调查方案》的规定,从城镇居民消费支出的角度进行分类,城镇居民文化消费是指用文化产品或服务来满足人们精神需求的一种消费,包括了文化娱乐用品消费、文化娱乐服务消费、教育消费等方面。文化消费是指人们的基本生存需求得到满足后,为满足发展需求和享受需求而进行的消费。包括人们为获得信息、知识及审美,以求得素质的提高、精神的愉悦、身心的健康而进行的消费。文化消费的内容十分广泛,既包括对文化产品的直接消费和服务,如书籍、电影电视节目、电子游戏软件、报纸杂志的消费和接受教育、旅游服务等;也包括为了消费文化产品而必备的各种物质消费品,如电视机、照相机、影碟机、计算机等;此外还需要各种各样的文化设施,如图书馆、展览馆、影剧院等。

文化消费是生产力发展到一定阶段的产物，是人们为追求更高层次的需求而逐渐产生的消费方式。文化消费的变化在一定程度上反映了居民生活消费的水平，也反映出了社会发展的程度与速度。文化消费是城镇居民家庭消费的重要组成部分，文化消费作为文化产业链上的终端环节，既是文化产业发展的现实基础和动力，也是文化事业、文化产业发展的目的。城镇居民文化消费是指城镇居民在文化学习、艺术享受、娱乐休闲等活动中为获得科学知识、精神享受、艺术熏陶、心理满足而实施的消费行为。

二、城镇文化消费的基本特征

1. 具有习惯性、继承性的特点，它是在继承传统文化的同时吸收外来文化。

2. 具有某种"模糊性"，表现为"提供"和"享受"有时不可分，"继承"和"创造"不可分，有些内容的文化消费的结果要经历漫长的时间，在短期内不易显现等。

3. 需求的弹性大，消费空间和容量巨大，与人们的价值观、审美观及兴趣爱好紧密相连，并与之发生多重的相互影响关系。

4. 与经济发展、物质生活和物质消费密切相连，并有某种递进关系，即以经济的一定程度的发展为前提。

文化消费体现出巨大的经济价值，是一个国家重要的经济增长点。随着居民物质生活水平的提高，文化消费支出不断增多，所占比重也逐年提升，对于促进文化产业发展、推动我国产业结构优化升级以及提高国民素质发挥了特别重要的作用，已成为文化产业的重要组成部分之一和第三产业的一个新的经济增长点。可以预期，未来我国居民文化消费将在丰富群众文化生活、增加就业人口、优化投资环境、促进经济发展和推动社会进步等方面继续发挥出重要作用。

第二节　我国城镇化过程中文化消费状况与影响因素

随着中国经济的快速发展和城镇居民收入水平的不断提高,居民的消费范围也不断扩大,消费水平和消费结构都发生了巨大的变化。在提升传统物质消费层次和改善物质生活质量的同时,文化消费在城镇居民消费结构中所占的比例正迅速增加,对旅游、教育、休闲娱乐等文化消费的需求显著增长。

一、城镇居民家庭人均文化消费支出逐年增加

文化消费的出现是经济和社会发展到一定阶段的产物。对追求消费方式多样化的城镇居民而言,尤其是追求时尚前沿的居民,文化消费已成为一种趋势。文化消费的发展日益多元化、丰富化。

二、文化消费支出在消费结构中的比例仍然偏低

城镇居民文化消费支出在数量上呈现绝对上升趋势,与此同时,居民的整体消费也呈现上升趋势,但是当考虑相对数量时,居民的文化消费水平情况就有所不同了。文化消费在城镇居民人均消费结构中的比重始终偏低,没有实质性的突破,而且近年来呈现的是下降趋势。不仅如此,与发达国家文化消费情况进行比较可以发现,我国城镇居民文化消费仍然存在文化消费规模偏低、文化消费总量不足、文化消费结构欠合理等问题。

三、文化消费城乡差别显著,区域发展不平衡

尽管我国人均文化消费城乡比全都呈现出增长态势,但我国区域经济发展不均衡导致的区域文化消费极不均衡现象分外严重,城乡之间的文化消费需求差距也越来越大,同期全国城镇人均文化消费增长远远高于乡村人均文化消费增长。

城镇人均值总增长高达乡村人均增长的 3.47 倍,城镇年均增长幅度高出

乡村年均增长8.51个百分点;城镇人均值总增长高达乡村人均增长的1.69倍,城镇年均增长幅度高出乡村年均增长2.67个百分点。全国文化消费需求增长的城乡差距显而易见,这无疑表明,城镇与乡村之间增长严重失衡,原因确实在于乡村增长明显乏力。不过城镇与乡村人均值增长差距没有总量增长差距那样巨大,说明城市(镇)化进程在城乡总量增长的差距上产生了显著影响。

四、教育消费占比突出,文化娱乐消费稳步上升

文化消费的内容繁多,每个人的偏好和兴趣不同,因此会选择不同的消费活动,在众多文化消费支出中教育消费所占比重较大。教育消费的比重过大就会挤压其他文化消费的比重,不利于文化消费结构的合理化发展。这也说明了城镇居民对文化产品的消费还是偏向于"实用型"。城镇居民在面对快速的生活节奏以及激烈的竞争压力时,十分关心自身和下一代的教育问题,所以将较多的支出用于教育消费,从而挤占了其他文化消费的份额,导致教育消费比重较高。

通过对文化消费内部结构的解剖,我们发现,居民文娱耐用消费品消费在文化消费中的比例随着收入的增加呈现"倒U形"的变化规律;城镇居民文娱服务消费在文化消费中的比例随着收入的增加则呈现"U形"的变化规律。这是文化消费在消费升级中变化的主要原因,其中文娱服务消费将主导文化消费的长期变化。文化消费的增长预示着文化产业具有一定的发展潜力,尤其是文化服务业。

从我国的具体情况来看,城镇居民的文化娱乐消费不但在绝对值上逐年增长,而且在文化消费中所占的比重也呈现逐年上升的趋势,同时与教育消费之间的差距正在逐步缩小。之所以会这样,是因为随着多媒体、互联网和数字技术的兴起,文化产品传播方式发生了新的变化,进而引发了文化消费方式的变革,从而大大刺激了城镇居民对手机、MP3、PSP掌上游戏机和数码相机等文化娱乐用品的需求。与此同时,伴随着互联网的发展与手机功能的更新换代,通信运营商与SP和CP提供的彩铃、图片、报纸杂志订阅等无线增值服务与网络游戏以及网络视频音乐下载服务等,也大大拓展了文化消费的内容范围。此外,近年来,我国大部分省市都将进一步完善城市的文化功能并且纳入

城市发展的规划之中,加大了文化基础设施的投资力度,新建了一大批图书馆、博物馆、艺术表演场所、文化馆和艺术馆等公共文化设施,从而拓宽了城镇居民文化娱乐消费的渠道和途径。

五、文化产品供给不足,消费能力偏低

国家财政收入增加 21%,城镇居民人均可支配收入增长 11%,农村居民人均纯收入增长 15%,而图书出版总印数仅增长 2%,电视节目制作时间仅增长 3%,文化产品的增长远远滞后于社会经济的发展,并且普遍存在价格过高、质量偏低,公共文化产品稀缺等问题。民族地区尤为明显,如内蒙古自治区虽然经济发展速度连续 7 年居全国之首,但是文化产值却只占 GDP 的 1.05%,不仅远远低于发达省市 5% 的平均水平,也远远低于全国 2.8% 的平均水平,形成文化发展与经济发展间的"跷跷板"现象。文化产品服务的"短缺"在很大程度上抑制了文化消费潜力的释放。

同时,文化的经济特性决定了文化消费活动是一个经济运动的过程。文化消费活动受市场经济价值规律作用,文化消费总量和结构受到消费大众的收入水平及其收入分配制约,而我国市场机制并没有成熟,人均 GDP 水平不高,最终消费占 GDP 的比重和居民消费率仅为 51.1% 和 38.2%,地区经济发展、人们收入水平不平衡,社会保障不健全,教育支出过大,价格结构不合理,加上消费结构和消费支出的惯性以及边际效用递减,约束着消费量的扩大和消费结构的变化。文化市场、文化消费还处于发育初期,居民文化消费支出偏低、居民文化消费预期偏低、户外文化休闲时间偏少。

六、公共文化基础设施欠缺制约文化消费增长

在国家的高度重视下,在财政资金的带动和引导下,各级政府对文化建设的投入力度逐年加大,公共文化设施建设总体呈现健康向上、蓬勃发展的良好态势,日益成为推动社会主义文化大发展大繁荣的重要引擎。根据统计可以知道,10 年间全国竣工公共文化设施(这里所说的公共文化设施,是小文化的概念,主要是指各级文化行政部门及其所属单位的设施,不包括新闻出版、广电这些系统的文化设施)项目共 32854 个,其中公共图书馆 1128 个,文化馆

1279个,乡镇综合文化站30238个,公益性艺术表演场馆209个。竣工项目总面积2448万平方米,项目总投资约480亿元。但是,当前居民对公共文化消费设施的满意度及参与率等方面还有一些不尽如人意的地方。

基础设施总的投入不足。据原文化部的统计,文化事业费占国家财政总支出的比重,一直在0.4%以下且不断回落。文化事业费占财政支出的0.36%,是改革开放以来的新低。2010年我国文化经费支出525亿元,也只占全国财政支出的0.59%。文化事业费年均增长速度低于同期财政支出的增长速度,更明显落后于其他社会事业费,文化与其他社会事业的差距被迅速拉大。

为切实做好《全国地市级公共文化设施建设规划》(发改社会〔2012〕72号)(简称《规划》)的实施工作,及时掌握规划项目进展情况,原文化部财务司会同国家发展改革委社会发展司、国家文物局办公室于2013年1月建立了《全国地市级公共文化设施建设规划实施情况季度监测报告制度》,对纳入《规划》的532个地市级公共图书馆、文化馆和博物馆建设项目的建设情况进行监测。根据监测结果,纳入《规划》的地市级公共图书馆、文化馆和博物馆建设项目中,已开工建设项目142个,占规划项目总数的26.7%;未开工建设项目390个,占73.3%,其中已经启动前期准备工作的项目164个,占规划项目总数的30.8%。从各地建设情况来看,全国地市级公共文化设施建设工作已全面展开,各地的建设热情十分高涨,不少地方政府都将地市级公共文化设施建设项目纳入当地为民办实事工程,从项目审批、配套资金安排等方面均给予了倾斜,但是由于预算内补助资金拨付总量偏小、速度较慢,已经严重影响了项目的施工进展。

第三节 文化消费对我国新型城镇化的拉动作用

一、文化消费与城镇化发展的关系

根据发达国家的发展经验和现代经济发展趋势,当人均 GDP 超过 1000 美元时,社会将会对农业初级产品和工业消费品以外的产品产生新的需求,人们对文学、艺术、教育、科学等方面的支出和消费活动将大为增加,文化消费需求将进入增长期。目前,我国正处于消费升级的过渡期间,即城镇居民在家庭收入达到一定水平后,已从原来的满足于基本生存需要的低层次消费向高层次消费升级。

美国经济学家罗斯托认为,人类社会发展大致将经历六个阶段:"传统社会""为起飞创造前提阶段""起飞阶段""成熟阶段""高额群众消费阶段""追求生活质量阶段"。各个国家的发展都会按照各自的特点和条件,由低级阶段向高级阶段过渡。"追求生活质量阶段"是世界各国最终将会达到的目标,是"工业社会中人们生活的一个真正的突变"。罗斯托认为,进入"追求生活质量阶段"之后,在文化教育、医药卫生、旅游和疗养、住宅建筑、城市改建等部门中就业的人员越来越多,这些部门在国民经济中的重要性越来越突出,人类历史上将第一次不再以有形产品数量的多少来衡量社会的成就,而是以"生活质量"的增进程度作为衡量社会成就的新标志。当人们最基本的衣食住行得到满足之后,各种文化消费便会成为生活中不可或缺的一部分,人类将致力于提高自己的文化消费水平和生活质量,文化产业和文化消费进而将得到极大的发展。这是当代世界经济社会发展中经济文化一体化的发展趋势。

文化消费是城镇居民消费的重要内容,由于文化消费主要是对精神文化类产品及精神文化性劳务的拥有、欣赏和使用等。因此,文化消费与物质消费有着根本性的区别。文化消费的实质是对社会及他人提供的物质形态以及非物质形态的精神财富的消耗。从产业价值链角度来分析,文化消费是文化产业链上的终端环节,既是推动文化事业发展和繁荣文化产业的目的所在,也是文化产业的发展动力和现实基础。从文化消费数据的变化中既可以看出居民生活消费的质量和精神文明水平，也可以反映出整个社会发展和科技进步的程度。当文化从一种高贵的精神产品逐渐步入普通大众的日常生活消费中时，意味着整个社会的文明程度、精神气质和价值取向都向前迈进了一大步。因此，促进城镇居民文化消费已经成为发达国家刺激经济发展、扩大国内需求、推进产业结构升级、提高国民素质的重要手段之一。

二、文化消费对我国城镇化发展的作用

大力促进城镇居民文化消费对于优化我国产业结构和促进经济增长方式转型有着极其特殊而重大的意义。"口红经济"理论和发达国家经济发展经验表明，经济危机的到来往往会促进文化产业的快速发展，刺激文化消费需求的增长，带动整个文化市场的繁荣发展。如爆发的全球性经济危机给美国文化产业带来了巨大的发展契机，美国好莱坞和百老汇的崛起就是一个最好的证明。美国次贷危机引发的全球性金融危机的到来，我国经济发展方式的转型在被动中开启。我国依靠投资驱动的传统经济增长方式面临转型，依靠高能耗发展的产业结构面临优化升级，而富含创意、以高科技附加值作为支撑的文化产业的发展迎合了这一时代发展的需求，文化产业将成为促进国民经济发展的重要推手。我国经济也将逐步跨入一个从未有过的发展阶段，经济发展过程中的投资与消费、贸易与内需之间将逐步得到优化与平衡。

调查资料显示，改革开放40多年来，随着我国经济持续快速的发展，我国正在由原来的短缺经济时代迈向饱和经济时代，与之相适应的是，城镇居民消费结构正在由生存型消费向享受型、发展型消费升级。由于我国城镇居民在食品、衣着、家庭设备用品等方面的消费增长已趋于饱和，居民在文化方面的消费支出呈现出快速上升的趋势，文化消费已经成为21世纪以来我国城镇居民的消费热点。相关研究表明，城镇居民文化消费数量与消费需求质量的提高，不仅有助于居民生活质量和整体素质的提升，而且有助于文化产业的繁荣以及文化生产力的发展。因此，在我国经济增长方式面临转型、产业结构面临优化升级的当前，加强对文化消费的研究，有着极其重要的意义。

其意义在于，中国的经济实力和科技实力将大大提高，中华民族的文明程度将显著提升，国际影响力将明显增强。中国的城镇化进程不仅是物质财富

急剧增加的过程，也是文化文明发展的过程。广大农村人口向城镇迁居，是几亿人口生产方式和生活方式的根本性转变。中国城镇化发展的根本性社会转型，迫切需要提高人们的文化消费水平。

从现实发展状况来看，中国文化产业发展虽然较晚，但文化消费需求旺盛、增长很快，文化产业发展空间广阔，文化市场潜力巨大。作为文化产业链上的最终环节和促进居民消费结构升级的重要力量，文化消费对于拉动文化生产、提高国民素质和推动我国产业结构的优化升级有着十分重要的意义。随着经济的发展，在很多大城市里，文化消费已成为中国最终消费的重要内容。在新型城镇化发展进程中，提高文化消费需求的空间广阔，为中国文化产业的发展提供了有利时机。中国市场经济体制的完善将进一步改善文化产业发展的体制环境、政策环境和市场环境，文化产业的发展将不断获得新的推动力。打造"中国经济升级版"的关键之一在于扩大内需，扩大城乡居民文化消费是文化产业发展的动力和最终目的，更是扩大内需的重要组成部分。中国文化产业的发展不仅会成为新的经济增长点，而且会在经济结构的战略性调整中扮演重要角色，在国民经济和社会发展的整个系统中，对于拉动内需、促进增长和推动社会全面发展方面将会发挥越来越重要的作用。

（一）文化消费对经济持续增长有促进作用，是社会文明的重要标志

随着经济的发展和居民收入的提高，城乡居民越来越追求生活的品位和档次，文化消费支出大幅提升，成为拉动消费需求增长无法忽视的因素。文化消费对于拉动居民消费增长、提升产业结构、提高居民素质具有重要意义。

文化消费在消费支出中所占的比重是衡量居民生活质量的重要指标。人们总是在满足基本生活需求后才会去考虑较高层次的文化需求，文化消费的水平又是衡量一个国家历史文化积淀、社会文化氛围和国民文化素养的重要标志之一。在当代中国，反映现实生活、展现民族精神和时代精神的文化产品越来越受欢迎，说明人们的社会参与意识日益增强，对社会主义核心价值体系日益认同。文化消费是一面镜子，能清晰地照映出一个社会文明进步的程度和状况。

（二）文化消费是促进社会经济发展、提高综合实力的重要途径

文化产业成为我国经济结构战略性调整和产业升级的一个重要选择方向，成为促进经济发展、调整产业结构、提高消费水平的重要手段。近年来文化消费需求旺盛，增长速度快，市场潜力巨大。统计数据显示，近年来，文化产业的增幅超过同期 GDP 增幅，对经济增长的贡献率不断提升。预计文化消费将继续扩张，对扩大内需、促进经济增长发挥的作用将更大。

扩大文化消费，对扩大内需、拉动经济发展具有重要的促进作用，其增加值是 GDP 的重要组成部分之一。未来世界的竞争将会是国与国之间文化生产力的竞争，在综合国力竞争中，文化生产力的地位和作用将越来越突出。文化产业已成为 21 世纪的核心产业。

（三）文化消费是提升居民综合素质的重要途径

文化消费的数量多少、质量高低、能力强弱，是评价国民综合素质的重要标准。良好素质的形成，要通过学习教育和实践锻炼。这些年政府加大了对公共文化服务的投入，免费看演出、看展览的机会越来越多，这本身也促进了国民素质的提高，有助于国民文化消费习惯的养成。发展文化消费，能够满足人们的精神文化消费需要，提高人们的消费质量，提高国民的整体素质，对促进人的自由全面发展具有重要作用。因此，只有扩大和满足人民群众的文化消费需求才能提高全民族整体素质。

三、新型城镇化对文化消费的促进作用

世界各国城镇化发展经验和理论研究均明确表明，城镇化具有促进消费的积极效应。然而，我国城镇化与消费的关系并不明显，甚至会呈现出负相关，城镇化没有对消费起到应有的促进作用。造成这一现象的根本原因在于相关体制改革如户籍、社保、土地流转等没有同步跟上城镇化步伐，导致大量农民工由于体制原因不能真正融入城市，人口城镇化进程远远滞后于土地城镇化进程。因此，要更好地发挥城镇化对消费的拉动作用，必须大力破除现有体制机制障碍，加快推进户籍制度、社保制度和农村土地流转制度改革，在重点领域、关键环节上形成突破和进展，进而带动全局。

（一）新型城镇化有利于促进文化娱乐消费比重上升，推动整体消费结构升级

目前，新型城镇化建设已上升为国家战略。城镇化的难点和核心是真正实现农村进城人员从农民到市民的转变。新型城镇化把农民变为市民，必将带来消费方式的转变和消费规模的提升，实现经济的服务化，文化、旅游、休闲、家政、美容等行业的服务水平将不断提升，享受型消费所占比重必然会不断提高，进而逐步实现消费结构的升级；新型城镇化将改善居民消费环境，逐步改变农村进城人员的消费行为，在劳动收入占比和人均收入增加的基础上，逐步提高边际消费倾向；城镇相对较好的社会保障体系，也有利于减少预防性储蓄，从而促进消费。根据相关测算，城镇居民消费水平是农村居民的3.6倍，一个农民转化为市民，每年将增加1万多元消费，我国城镇化每提高1个百分点，就可以吸纳1000多万农村人口进城，可以带动1100多亿元的消费需求。

（二）新型城镇化有利于推动文化设施基本投入，促进公共文化服务体系建设

新型城镇化将有利于推动全国各个城市根据城市功能布局和人员聚集情况，把文化设施建设纳入城市建设总体规划，通过加大财政投入、积极引入社会资本，新建、改造或迁建一批博物馆、图书馆、影剧院、美术馆、群艺馆和文化馆等文化设施，特别是要坚持高起点设计、高标准建设，打造城市标志性文化设施，使文化设施成为城市最具标志意义的建筑。要重视加强社区文化设施建设，根据文化需求实际，建成一批文娱、体育、博览等各具特色的文化设施，新建住宅小区应配套建设相应文化设施。要注重发挥各类文化设施的功能互补性，在空间布局上尽量形成聚集、照应、连带关系，打造辐射力强的文化一条街、文化中心区等城市文化核心区。新型城镇化有利于坚持以人为本，以更大程度上满足群众文化需求为己任，统筹兼顾不同城市人群的文化需求，维护群众基本文化权益，特别是关注城市未成年人、老年人、农民工、残疾人、低收入家庭等社会群体的文化生活，采用政府购买、引入社会资本资助、补贴等方式，向这些特殊群体提供质优价廉的文化服务，满足他们的基本文化需求。

（三）新型城镇化有利于繁荣文化市场和发展文化产业，引导文化内容生产创新

庞大的农村居民在城镇化战略的推动下，将成为带动文化领域各项消费的新生力量。在农村工作会议上，更是重点强调了"有序推进农业转移人口市民化"，并强调要在"收入倍增"进程中着力促进农民增收，农民收入增长要与城镇居民收入同步增长，并力争超过城镇居民。收入的增长以及在向城市生活方式及消费习惯的变化中，将极大地拓展影视、互联网视频、移动互联网等各新媒体领域的上升空间。

（四）新型城镇化有利于城市文化形象塑造，促进城乡统筹协调发展

所谓新型城镇化的"新"就是要由过去片面注重追求城市规模扩大、空间扩张，改变为以提升城市的文化、公共服务等内涵为中心，真正使我们的城镇成为具有较高品质的宜居之所。城镇化的核心是农村人口转移到城镇，而不是单纯地建高楼、建广场。农村人口转移不出来，不仅农业的规模效益发挥不出来，扩大内需也无法进一步实现。与传统提法比较，新型城镇化更强调内在质量的全面提升，也就是要推动城镇化由偏重数量规模增加向注重质量内涵提升转变。所以，加速推进新型城镇化进程，就是要加速形成以城市群为主体形态、以特大城市为依托、大中小城市和小城镇协调发展的新型城市体系，新型城镇化的体现是经济社会发展的和谐与协调。

第四节 促进文化消费与新型城镇化协调发展的对策

一、认识文化消费对城镇化的作用，提高文化消费能力

（一）提高人们的消费能力

要使人们不把追求物质享受作为第一甚至唯一的需要，要使人们能够从事各方面的消费活动，提高人们各方面的消费能力。正如马克思所说，一个人"要多方面享受，他就必须有享受的能力，因此他必须是具有高度文明的人"。当代城镇化发展，必须努力提高人们的科学文化水平和艺术修养，提高人们各方面的消费能力。

（二）把文化消费与学习科学文化知识结合起来

为了适应城镇化发展，人人都需要不断学习，从接受学校教育到继续教育，直到终身教育。在未来社会，学习不仅应当成为人的基本需要，也应属于人的一种享受。通过寓教于乐，把各种教育文化和娱乐活动与吸取科学文化知识结合起来。在物质生活资料不断丰富的基础上，人们应把更多的"闲暇"用来进行精神文化消费，边娱乐，边陶冶性情，边获得知识，提高人的各种素质，积淀人的文化底蕴。

（三）注重文化消费的社会效益

文化能够满足人高层次的精神需要；文化能够感化人，通过精神领域塑造人、改造人进而成就人；文化作为社会群体认同感、依附感和归属感的载体和结晶，具有显著的公共性和代表性，是区别不同民族、国家和地区的重要标志。城镇化发展要加快文化产业发展，发展文化产业要把社会效益放在首位。离开了文化产业的社会效益，就根本谈不上经济效益的实现和增加。

（四）注重文化产业发展的知识创新性和创造性

知识和精神创新是文化产业的生命。离开创新，文化产业发展不仅会失去活力，也会丧失立足之地。文化产业的投入主要依靠的是知识和精神的创

新、思维的创意和思想的突破,文化产品要突出新颖性、独特性和异质性。中国文化产业发展需要更加注重中国元素和民族特色,文化产品是民族的也是世界的,只有这样才能提高人们文化消费的档次,拓展人们文化消费的空间。

(五)注重文化消费与人的自由全面发展的结合

在现代消费社会,文化已成为一种重要的因素,知识与自然资源结合可以改善自然资源的稀缺性,人的消费应该以人自身为中心,实现人的自由全面发展。人的消费中除对物的消费外,教育消费、文化消费、生态消费将成为重要的组成部分。因此,未来社会的消费,应该是人的消费过程与人的自由全面发展过程的有机结合。

(六)注重文化消费的普适性

文化消费市场中的产品价格虚高制约着居民的文化消费,部分文化产品价格的定价主要针对高收入群体,将许多的中低收入群体拒之门外。由于这部分人群对文化消费的需求很大,但支付能力有限,可以通过发放文化消费补贴和发展文化消费信贷的方式,一方面刺激这部分人群的文化消费,发掘其文化消费潜力;另一方面拉动文化产业的发展。文化消费补贴主要针对两类人群。一是文化活动的组织者,以此激发组织文化活动的热情。二是文化消费者,通过公共财政和利用社会资金,成立文化消费专项基金,通过发放文化消费券的形式,让低收入的人群也能参与到文化活动中,分享发展的成果。三是政府财政应资助传统文化、先进文化消费和对外文化宣传,向基层、低收入和特殊群体提供免费文化服务,完善农村图书、通信、电视、培训等网络体系,释放农民、老人、农民工等群体的潜在文化消费需求。四是从国家财政的单一补贴向多元化补贴,如基金资助、企业资助等方式发展,积极调动企业和社会力量资助文化事业、投资文化产业的热情。

(七)加大公共文化设施的投入,提供高质量的文化消费设施

与发达国家相比,我国文化消费人口巨大,但公共文化基础设施薄弱。我国必须加大政府文化建设资金投入力度。同时加强文化基础设施建设,要切实把公益性文化建设纳入政府社会经济发展总体规划之中,纳入重要议事日程、年度工作考核目标中,把公益性文化建设落到实处。要制定公益性文化服务设施建设发展规划,统筹安排、有序推进、保证重点、分步实施。如把重点场

馆(如图书馆、博物馆、文化馆)和影剧院等公益性文化设施提前规划到位,并列入政府财政投入城市建设、完善城市功能的项目中,逐年加大投入。适当提高公共图书馆图书购置经费、群艺馆(文化馆)业务活动经费、博物馆文物保护经费、非物质文化遗产保护经费。

此外,还要挖掘出现有文化基础设施的潜力,提高文化基础设施共享率。鼓励民间企业投资文化基础设施建设,实施优惠财务政策,颁布相关法律和规定,保障文化设施投入者的权益。特别加大对民族地区的文化基础设施建设。要保证民族地区尤其是民族自治地区的每个地市州和县市,至少有一个艺术团体,并从国家财政上保障其人员和经费,解除其后顾之忧,使其能更多更好地服务基层和有更多的精力创作出思想艺术性强而老百姓又喜闻乐见的作品,丰富少数民族群众的精神生活。要进一步扩大民族地区特别是边疆民族地区的广播电视和通信网络的覆盖面,加强少数民族语言文字的图书、报刊、广播、影视的出版发行和译制、制作,切实解决山区、牧区和边疆地区少数民族群众看书难、看报难、听广播难、看电视难、网络通信难等问题,提高他们教育文化娱乐生活的品质,增强他们在社会主义祖国大家庭中的自尊心、自信心、幸福感和自豪感。

二、形成多元化文化消费结构,提高文化产品供给效率

高文化素养群体的文化消费观念更为科学、合理,对文化消费的认识更高,因此,文化消费的能力更强,对文化生活的标准和文化品位的需求也就更高,对文化消费更具有主动性。一是努力提高文化素养,选取正确的价值取向,通过加强家庭培养、学校教育、大众媒体宣传,建立科学合理的消费观,逐步形成科学、合理、自律的消费风尚和文化氛围。二是重视引导青少年、老年和农民工团体的文化消费观念,引导娱乐休闲消费为主向知识文化消费为主转变。三是通过文化教育和社会规范不断提高人们的文化素养,从根本上改变人们的文化消费观念,提高文化消费水平。

与此同时,应当通过各种媒体网络,教育、引导人们形成文化消费观念,使他们在日常消费过程中逐渐养成文化消费的习惯,从零消费到单一消费再到多元消费。由于城镇居民之间存在一定的贫富差距,针对不同层次和需求的

消费者要推出不同的文化产品与服务。同时，对文化产品价格的制定也要规范化、合理化，可以通过引入宏观调控手段，利用财政税收政策合理调节，引导文化产品的生产及价格；还可以采取差别定价、票价补贴等方式，降低城镇居民文化消费的成本，促进文化产品的消费。

文化消费理念的形成是一个长期发展的过程，需要政府导向性政策的大力扶持和全社会的共同参与。各种宣传媒体是人们获得文化消费信息、丰富文化消费认知的重要途径，我国公共媒体应该扮演好先进文化的传播者、文化消费品的广告者、文化消费的倡导者的角色，调动居民对精神享受和文化消费的欲望，为居民提供多方面的文化消费信息。同时，鉴于我国改革开放的大环境，我国主流媒体必须积极宣传健康和科学的文化消费观念，倡导和净化文化消费环境，不使文化糟粕有机可乘。

积极研究居民对公共文化产品的需求，了解新时期下居民文化产品消费动向，满足不同层级人群对公共文化产品的诉求。一方面，对现有公共文化产品供给现状进行研判，度量现有公共文化产品是否符合广大居民的文化需要，供给数量是否充足，供给质量是否满意，以此来评估现有公共文化产品供给绩效。另一方面，要改变现行公共文化产品供给"自上而下"的决策机制以及"供给什么、怎么供给都由上级部门说了算"的现状，建立起以居民文化需求为核心的表达机制，积极在不同人群中展开调查，了解不同层次的居民对公共文化产品供给种类、供给数量与供给质量的实际需求，由参与居民对所需要的公共文化产品进行投票表决，避免出现实际文化需求与有效供给脱节的低绩效状态。

三、提倡市场化经营方式，倡导区域差异化理念

在社会主义市场经济条件下，所谓"需求"主要表现为消费需求，所谓"满足基本需求"主要通过满足消费需求来体现，包括最基本的衣食温饱需求也是通过消费得以满足，离开民生消费讲"基本需求"无异于刻舟求剑。社会主义市场经济体制的完善首先在于，这必须是一个完整统一的基本经济体制，全社会的一切生产活动和消费活动都必须要纳入其中，文化生产活动和文化消费活动也不能例外。目前我国公益性文化事业的运行依旧实行计划经济的原有

模式，这就是"文化供给制"的体制原因，必然会导致现行量化标准、集中采购、政府补贴、统一配送的服务模式与群众多方面、多样化、多层次文化需求之间的矛盾难以克服。深化文化体制改革下一步的要务应当在于，必须要将公共文化服务完全纳入社会主义市场经济体制，国家和各级政府遵循市场经济规律提供公共文化服务。

从法理上来说，全中国同为一个国民经济体，全国各地同属一个单一制共和国实体，全体公民同属一个国民共同体。因此，如北京或上海市民便能够享受到的公共服务、社会保障和工资福利，包括基本文化权利和文化民生需求的满足，应当自然惠及全国各地全体城乡居民。应尽快消除中国经济、社会、民生发展各方面的城乡差距和地区差距，实现"城乡一体化"和"区域均衡发展"。

在人文发展领域要民生至上，均衡优先，这必须成为文化建设与发展的基本原则，大力推进文化发展成果的城乡、区域均等共享，促成保障社会公平的必要体制和可行机制。政府有责任进行"取长补短"重大调节，财政的基本任务首先应是保证"城乡、区域协调发展"。国家应当通过加大转移支付的方式，支持中西部欠发达地区文化建设，保障中西部人民群众的基本文化权益和文化消费需求，保证硬件设施和软件保障不低于东部发达地区平均水平。

改善文化民生状况，提高低收入人群文化消费需求，不仅需要考虑国内物价上涨的影响和国际金融危机的冲击，还有必要反思历来的文化服务投入机制及其实际成效。除了必要的文化基础设施建设以外，凡是提供可移动产品和可选择服务类型的文化工作，如各级文艺团队下基层、进社区、乡村电影放映等，乃至广播电视村村通、万村书库建设等，不妨采用类似"家电下乡"的"文化消费直补"的方式，对低收入人群实行"文化低保"，针对不同文化产品和服务类别，按照不同补贴比例账面核算（以防现金挪用）至社区群众头上，结合基层自治制度，由社区居民集体自行计划、自主消费和自我管理，变"国家计划配给"（目前仅纳入生产统计）为"群众自主消费"（同时也纳入消费统计），也许还能够起到"以一当十"之效，撬动底层民众自行生发出更多文化消费，更有效地满足乃至提升低收入人群的文化需求。

四、提高文化产品质量，提高居民收入水平

我国悠久的历史和特殊的国情以及丰富的人文资源，使我国将其本土文化与外来文化、传统文化和现代文化融于一体。按照市场经济作用规律，有机整合这些文化精华，大力推进文化产业化发展步伐，促进文化与经济的有机融合，调整优化文化产业结构，提高经济效益中的文化附加值和经济发展中的文化含量，不仅可以促进文化交流和传播，丰富文化产品，而且可以激发出群众的强烈创造热情，优化文化资源，活跃文化氛围。

文化管理体制的科学合理和文化消费水平与文化市场的繁荣息息相关。长期以来，我国文化资源由国家垄断，文化产业的发展受到极大的制约。因此，应改革文化发展的管理体制和领导方式，把具有面向市场能力的文化事业单位逐步改制为企业，把文化企业培育成为自担风险、自负盈亏的独立经营单位，进一步规范公益性文化事业单位，合理引导和积极鼓励社会力量投资和参与文化产业和文化事业建设，培育一批具有竞争优势的文化企业集团，向市场提供一批附加价值高的优质文化产品，使人们能享受到更多的文化服务。与此同时，规范文化市场，建立健全文化法律法规体系，做到有法可依、有法必依、执法必严、违法必究，使人们能在一个健康有秩序的市场环境中进行健康消费。

具体而言，一是健全文化法律法规和政策体系。创新管理手段，综合运用法律、经济、行政、技术等多种手段，实现科学管理、依法管理。二是完善公共文化服务的提供方式和内容。以科技创新为动力，实施文化与科技融合促进工程，通过国家文化科技提升计划和文化科技创新项目，研发一批具有自主知识产权的核心技术，推广一批高新技术成果，提升文化行业技术与装备水平。三是营造有利于创新项目成长的文化氛围。增强社会各界参与文化创新的自觉性和主动性，加快构建有利于全面提升自主创新能力的体制机制。鼓励文化产品原创，提升文化创意水平。

城镇居民文化消费能力的高低与人们的经济收入水平密切相关。作为文化产业链上的终端环节，文化消费遵循经济运行的基本规律，文化产品生产能力和流通效率由人们的经济收入水平来直接决定。要想促进文化产业的发展

和文化市场的繁荣，必须形成强大的文化消费能力和文化需求。只有大力发展城市经济，不断提高人民的经济收入水平，才能形成强大的文化消费能力，人们追求生活质量的愿望也就越发强烈，人们用来提高生活质量的文化娱乐休闲服务等非物质消费支出的比重才会越来越多。这种旺盛的文化消费需求最终作用于生产、流通、销售等环节，将促使整个文化市场的繁荣和文化产业的快速发展。

第四章　新型城镇化与创意城市

新型城镇化道路与传统的城镇化道路有很大区别，而且不能走传统粗放式的城镇化老路，这就需要创新发展方式、手段和路径，走出一条全新的发展道路。创意城市毫无疑问地正成为中国新型城镇化的重要选择。基于此本章对新型城镇化以及创意城市展开讲述。

第一节　新型城镇化视域下的创意城市

新型城镇化是资源节约、环境友好、经济高效、社会和谐、城乡互促共进、大中小城市和小城镇协调发展、个性鲜明的城镇化。而城市作为人类诗意的栖居地，独具特色的城市精神和品质正是人类幸福生活的精神诉求。世界城市化规律表明，一个国家城市化水平达到30%以后，将进入加速发展阶段。相关数据表明，中国正在进入城镇化快速发展的新阶段，随着城市化率的提高，对城市内涵式发展的要求也将越来越高。

一、创意是新型城镇化的动力源泉

恩格斯在《劳动在从猿到人转变过程中的作用》一文中明确提出了"劳动创造了人本身"这一伟大论述，而"创意"作为人的脑力劳动更加凸显人的创造性。"创意"因人而生，人类诞生伊始就开始了"创意"旅程，这也是人类区别于其他生物的重要特征。而直到后工业社会，"创意"才逐渐成了产业形态，成为产业发展的前提和重要驱动力量之一。而如今在市场经济和新经济（知识经济、信息经济、创意经济）的多元背景下，"创意"本身也升级成为一种产业。其中，以文化创意与科技创新相结合为特点的文化创意产业正蓄势待发成为世界城市转型升级的重要标志。随着世界城市现代化的加速推进,"创意"日益成为其发展的核心动力,亦为新型城镇化的崛起赋予灵魂、个性与永续动力。

在全球化发展的今天,伴随着钢筋混凝土的嘈杂声,城市正打破乡土藩篱的广袤土地,但我们如果秉持单一的现代逻辑发展城市,不注意城市自身的文化资源挖掘利用,就会使城市发展出现"千城一面"的同质化现象,从而逐渐失去竞争力。每个城市都有属于自己的独特文化资源,这种资源区别于其他资源的重要特征正在于它的独特性,如果巧妙运用,便可以成功塑造城市的形象,激发城市无穷的创意与活力,从而保持城市特质、塑造城市品牌。创新是创意城市区别于传统城市最显著的特征,发展思维和观念是现代城市获取竞争优势的核心要素,创意城市战略的基本理念就在于:它不仅视文化为价值观和生活方式,更将文化作为创造性表达的手段,为创意提供成长的沃土,为创意城市的构建提供发展动能。创意城市即是一种以创新理念推动城市发展的新战略,它颠覆了城市发展的传统逻辑,拓展了城市发展的新视野。

根据党的十八大报告精神,城镇化未来将成为中国全面建成小康社会的重要载体,更是撬动内需的最大潜力所在。快速发展的新型城镇化,正在成为中国经济增长和社会发展的强大引擎。但是受到人口、环境资源等各种因素制约,中国将很难重复西方国家以往的城市化模式。因此,新型城镇化必然不能因循传统粗放式的城镇化老路,而是需要创新发展方式、手段和路径,走出一条全新的发展道路。特别需要指出的是,当前和未来一个时期的城镇化不只是实现公共服务的均衡发展,而且在城乡规划和发展方面还要有属于自己的创意和特色,这需要借助文化创意产业来实现,通过强化文化底蕴和内涵,打造创意化的新型城镇。

新型城镇化离不开自己独具特色的创造力。身处比邻乡村的新型城镇担负着示范、引导、科教人文、生态环保等多重功能,从城镇未来发展着眼,立足本地实际,坚持统筹规划、科学布局,发展壮大区域产业尤其是重点发展特色产业。新型城镇化不但在风格上要有魅力,在产业发展上也要有自己独特的个性。城镇化的成败取决于产业支撑和产业创造力,没有强有力的产业支撑和创造力,一切城镇化都只能停留在口号和满墙的标语上。

随着改革进程的不断加快,我国经济发展与社会责任、文化保护、生态环保之间的矛盾日益凸显,为协调解决发展中的矛盾问题,必须要努力转变生产方式,用创意模式开辟新的发展道路。注重传统与现代的结合、艺术与创意的互动、文化与科技的融合、文化保护与社会经济的协调发展。利用所在区域的历史文化、民俗风情、自然风光等资源,开拓乡村旅游、生态农业观光与体验的生态人文旅游项目,通过实现资源的有效配置,来促进城镇产业经济发展繁荣。同时,通过生态旅游项目寓教于乐,使人们逐渐形成新的生态伦理观、生态道德观,养成尊重自然、爱护自然、崇尚自然的良好社会道德风尚,为维护可持续的城镇生态系统起到更加积极的推动作用。

二、文化创意产业是新型城镇化的产业支撑

新型城镇化,将是一次重大理论和实践创新,是在改革开放40年积累的综合国力和经验基础上,再一次攻坚克难、继往开来的历史性跨越。

文化创意产业和新型城镇化建设都必然会将国家的创意经济带上一个新的台阶。然而,从文化创意产业和新型城镇化建设的历程上来看,文化创新需要被重新界定和阐述;在倡导文化大发展大繁荣的背景之下,新型城镇化建设战略关系着城市发展的转型问题,这与中央提出的转变经济发展方式的要求相一致,转变经济发展方式不是一个单纯的转变经济发展方式问题,而是要转变城市发展模式的问题。也就是说,单纯地处理经济发展方式,解决不好新型城镇化建设和可持续发展问题。现在一些国际上发达的城市都以文化的竞争力作为下一步发展的战略目标,城市必须要在创意和文化领域增强实力。

第二,文化创意产业是创意新型城镇的有力支撑。尽管各城市在创新文化发展与建设方面仍然有其自身的资源优势,但是这种资源优势还没有完全转化为竞争力优势,而把这种资源优势转换成竞争力优势的路径之一就是文化创意产业。除文化创意产业本身外,还要以文化创意产业支持和推进更为广泛的经济以及社会领域的创新。

第三,可持续的创新政策有利于新型城镇的文化构建。新型城镇化必须扩大社会各界参与和共享的资源空间、流通渠道,创造出更多平等的发展机会。要进一步大力发展文化创意产业提升城市软实力,应该重视创新与创新政策及其体系建设,建立更大力度的创新政策保障。文化创意产业要在推动新型城镇化的过程中,打造多层次、多领域的公共服务平台,为社会各界的广泛参与提供机会,让一切文化财富充分流动。

第四,创意化新型城镇要因地制宜。要建立集约、智能、生态、低碳的空间布局,必须使城镇的空间形态与可持续发展的要求相适应。文化创意产业与新型城镇化的相互推动,关键在于因地制宜,从发展集聚型的产业园区,到走向综合型的创意社区,再迈向共享型的文化城区。

第五,努力营造创意人才发展的有利生态。积极推进创意群体的壮大,需要具有适宜创意人才生存发展的优良生态,不仅需要集聚一批优秀的创意人才和经营人才,而且要重视文化创意产业相关人才的培养。新型城镇化注重城市空间拓展与农村人口转移及素质提升的协调发展,文化创意产业与新型城镇化相互促进,关键在于培育一大批文化创意产业的企业家和优秀人才,壮大文化生产力的主体。

创意城市也将进一步凝练新型城镇化的丰富内涵,新型城镇化将有效扩展文化创意产业,带动创意城市的实施与落地。新型城镇化和创意城市相辅相成、协同共进成为城市未来的发展趋势和方向。我国各省市的创意城市,一定是城市管理者根据城市的实质发展需求,对资源进行最优化的调配。围绕新型城镇化建设创意城市,将调动更多的企业资源投入创意城市中,从而促进城镇化和创意城市协同创新。

三、科技创新是新型城镇化的核心驱动

诺贝尔经济学奖得主、美国经济学家斯蒂格利茨预言,"中国的城镇化与美国的高科技发展将是影响21世纪人类社会发展进程的两件大事"。诚如此言,如果说第一次城镇化以"工业科技"为特征的话,那么以一种更加绿色、更加文明的视角呈现而来的新型城镇化则以文化科技为其典型特征,而创新的互联网等科技发展将成为新型城镇化的核心驱动。互联网技术不仅带来了第三次工业革命和第四次传播革命,而且正在对社会、产业、企业以及生活的底层架构产生根本性的影响。创新和创意不仅是互联网的灵魂,而且基于互联网的活动已经成为创新和创意的主体,更为重要的是,创新和创意已经成为时代的主流。在这种情况下,新型城镇化道路就必须以"创意"为魂,配置自身的"创意基因"。大数据、物联网、云计算、社交网络,这些名词过去听起来虚无缥缈,但这些技术手段今天已然是许多城市出奇制胜的法宝,如同冷兵器遇到船坚炮利,除非你开的是一个藏匿于小巷的家传老店,靠的是祖传的手艺,不求

发展扩张、不求菜式创新，才可以多少忽视科技的作用。但是即使是这样，社交网络上的口碑已经决定着巷子深处的生意。可以预见，在未来的新型城镇化进程中，科技毫无疑问将会发挥更为巨大的作用。

具体而言，就是在一定程度上实现新型城镇化建设在互联网设施方面的超前布局，缩小大城市和小城镇之间的信息鸿沟，在此基础上，提高运行效率和拓展新的市场和生活方式。

一是互联网成为开启民智的新平台。由于互联网采取的是"免费＋收费"的商业模式，我国事实上已经形成了新浪、腾讯、搜狐等巨型的准公共信息平台。由于这些平台的信息是免费提供的，人们就可以通过这些平台，获取最新的信息，学习到最新的知识，掌握一定的技能。在互联网普及以来的十几年时间内，得益于互联网，人们既普及了知识又开启了民智。

二是互联网技术可以为广大农民提供更具体验感的技能培训。如今，制约农民身份转换的最大因素是实用技能的匮乏，而根本原因是师资水平的低下、培训方式的落后、实操工具的缺乏等。而互联网可以通过在全国乃至全世界范围内共享优秀的师资，并利用可视化技术、音频、视频等现代化培训手段，能够使得受培训人员实现身临其境的现实体验感，进而培训出大量技能高超的、合格的产业工人。目前，网易、新浪等大型门户网站上都开设了公开课频道，丰富多样的教学资源可以在很大程度上帮助自学者实现自身的快速成长。

三是基于互联网的城镇化电子商务可以大幅度降低成本。电子商务可以从以下两个方面助力城镇化建设：一方面可以使小城镇的产品市场和原料市场实现全国化乃至全球化，极大地拓展市场空间和降低交易成本；另一方面可以通过网络购物在保持低成本的同时实现消费行为的个性化、多元化、便捷化。

四是互联网金融为新型城镇产业和创业者提供便捷的资金服务。小城镇发展离不开创业和产业生态链，而这些都需要通畅的资金支持，但是在传统金融业态下，由于贷款者的商业信息难以获得，金融机构普遍"嫌贫爱富"，这必然会导致处于初创期的企业和产业难以获得稀缺的资金资源，更难以形成丰富、多元化的产业形态，进而城镇的发展也缺乏产业基础。而互联网金融可以更为准确地掌握贷款者的相关信息，风险较小，更为重要的是阿里巴巴等打造的大型电子商务生态系统能够为创业者提供更好、更多的消费者，在很大程度上助力新的城镇尽快形成自己的产业生态。

五是分布式、个性化的资源供应设计为适应小城镇能源供应的智能能源网络建设提供支撑。在这种情况下，电力输送网络将会转变成信息能源网络，使得数以百万计自主生产能源的人们能够通过平等网络的方式分享彼此的剩余能源，家庭、办公室、工厂、交通工具以及物流等无时无刻不相互影响，分享信息资源。通过创新性的能源供应系统的设计，能够真正实现"资源节约型、环境友好型"的新型城镇化发展道路。

此外，基于互联网的现代物流更为快捷，成本也更为低廉，这些都为城镇的产业发展和城镇居民的日常生活带来了极大的便利。

四、差异化是新型城镇化的创意路径

古希腊哲学家亚里士多德曾经说道："人们来到城市是为了生活，人们居住在城市是为了生活得更好。"城市给我们的生活带来了翻天覆地的变化，城市的形成、发展改变了人类的生活模式和社会结构。城市让我们的生活更美好，人们享受着城市带来的繁华与便捷的同时，许多城市问题也日益暴露在阳光下。经历了以机械化大生产为特征的工业经济语境下的大规模和标准化的复制之后，大多数城市都存在着一个共性的问题，那就是"特色危机"：城市失去个性，城市的独特魅力和多元文化正在被呆板僵化的"模式"所代替。城市历史记忆的断代、城市特色的模糊、城市文化产品的滞后是现代城市个性丧失的重要表现。城市有产业而无生活，有生活而无品质；传统的共同体日益瓦解，邻里生活渐趋消失，进而导致人际隔膜、阶层隔膜、人心隔膜，社会信任难以建立；青年人缺乏信仰支撑，社会缺乏共同伦理。这些现象与工业化和市场化相伴而生，成为城镇化推进过程中的副产品。

"千城一面"是我国城镇化过程中广受诟病的一种现象。在相似的城市面孔中，看不到历史和文化对城市性格的塑造。城镇化不是简单造城，亦不能"千城一面"，创意没有统一的模式，走"中国特色"新型城镇化道路，应该根据自身的特点来因地制宜地选择自身的创意路径。由于我国地域广大，各地发展极其不平衡，如东部发达地区和中西部欠发达地区差距悬殊，资源充足地区和资源匮乏地区发展基础不同，这就要求新型城镇化根据自身的特点因地制宜地选择自身的发展道路。

我们的城市现在为什么没有个性？因为我们没有利用好自然资源，我们的人文资源没有集中起来，我们也没有创造性地去打造我们的城市。在创意城市建设过程中，人们的思路首先要清晰明确，充分地将自然的与人为的资源有机地结合，我们的城市才能够建设得更加美好。城市的灵魂，文化的创意，是城市建设过程中不可或缺的。自然资源与人文历史的完美结合，就是最佳城市的创意。

城市创意，目的还是为了改变人居环境，提升城市的知名度，提高城市的综合竞争力，使城市的发展永葆青春与活力。创意城市不一定指这个城市的物质化程度有多高。现实生活中，好的城市不一定是所谓城市化程度最高的城市。一个有创意的城市，应该是一个有生命力、有文化、宜居的、有趣的、有个性的城市。

城市，是人们共同的家园，生活在这个家园中的人们都应主动思考：作为一个有思想的城市、有文化的城市、有传统的城市，它的未来创意何在？一座城市如何永葆青春，才会是一座永不衰败的城市？一座城市要有创意，一方面应该有创意产业、创意企业；另一方面城市要通过有形的创意建筑营造环境，使处于这个环境中的人们能够重新活跃起来，变成城市创造活跃的组成部分，这才是真正的创意，也是城市创意的终极目标所在。创意城市是推动文化经济、知识经济的关键。在创意经济时代，一座城市的竞争优势来自能够迅速地动员这些人才资源把创意转化成新商业商品。因此，一座城市的优势在于能够吸引人才。通过创意产业的兴起向城市注入新的生命力和竞争力，以创意方法解决城市发展的实质问题，创意城市的建设则是未来城市发展的必然趋势。

创意，凸显的是与众不同，因而具有个性特色的城市才能称之为创意城市。如何体现一座城市的个性与特色？那就是一个好的定位和为完成这个定位而进行的创意。今天的人们已经开始厌恶冰冷的水泥森林，躲避僵硬的机器标准，改造毫无生机的城市街道。于是，被工业革命抛弃已久的"个性化"浪潮逐渐卷土重来，向往能够在更美好的城市中生活的人们推崇一种新的城市发展理念：用创意激活地方文化，用文化构建城市魅力，用魅力吸引高端消费要素和生产要素。创意城市实现了人与自然的完美自然和谐统一，人们生活在一座有着创意的城市里面，感受到的是生活的惬意和人类文化的源远流长。这样一座有创意的城市，才真正值得品味。

第二节　创意城市的内涵

《城市规划基本术语标准》将"城镇化"定义为，人类生产与生活方式由农村型向城镇型转化的历史过程，具体表现为农村人口向城镇人口转化以及城镇不断发展与完善的过程。而城镇化在不同的国家和不同的时代背景下有不同的内涵。"创意城市"这个词，很容易被我们接受，很容易引发我们无穷的联想和对城市的想象，"创意"和"城市"两个词语的结合，将我们居住的空间当作一个故事和一件艺术品，拉近了我们与城市之间的距离。

一、创意城市概念溯源

"创意城市"是由英语 Creative City 翻译过来的，其核心词是"Creative"，其意义为"有创造力或想象力的"，英文 Create 指"创造出来原来不存在或与众不同的事物"。创意城市是在城市发展进入后工业化时代的背景下伴随着产业转移、城市重生和创意产业兴起而出现的一种推动城市复兴和重生的模式，是着眼于文化、艺术创造过程中所表现出来的创造、创新能力的驱动力与活力进行城市规划并建立在消费文化和创意产业基础上向社会其他领域延伸的城市发展模式。

查尔斯·兰德利（Charles Landry）和佛朗哥·比安奇尼（Franco Bianchini）曾专门在《创意城市》一书中分析过，他们认为创意城市不仅是建筑道路方面的硬件设施，而是硬件和软件的结合。这些软件设施包括：高技能和高弹性劳动力、活跃的思想者、创造者和一些老牌大学、阐发个性的空间，以及应用于社会或经济目标的企业文化等方面。英国经济学家汤姆·坎农明确提出建立"创意城市"的模式，他认为城市不应该是冷冰冰的，更应该是个人释放创造力的舞台。坎农强调"创意城市"就是"人的城市"，是技术员、工程师、教师、艺术家、学者等，以及这些人的创意。

查尔斯·兰德利曾经在不同的场合对创意下过不同的定义，他认为，"创意是一种工具，利用这种工具可以极尽可能挖掘潜力，创造价值"，是"对一件事情做出正确的判断,然后在给定的情况下寻找一种合适的解决方法"。他认为"创意"就是用新奇的方法解决问题。在这个意义上创意城市是指对城市面临的问题(如交通管理、产业发展、城市生态、种族融合等)提出具有创造性的解决办法,并由此带来城市的复兴。比安奇尼等人认为:"创意即全新地思考问题,是一种实验,一种原创力,一种重写规则的能力。"霍斯珀斯(Hospers)则认为"创意"的本质就是利用原创方法去解决每天出现的问题与挑战的能力。"创意"这个词语就像一株正在生长的植物一样,不断生长出新的枝条,词语本身便可以给人以丰富的想象力。

世界许多城市都把创意城市建设作为城市发展目标,制定发展战略,并将其纳入城市发展规划。如纽约提出了"高度的融合力、卓越的创造力、强大的竞争力、非凡的应变力"的城市精神;伦敦确立了"世界卓越的创意和文化中心"的发展目标;东京制定了"充满创造性的文化都市"的发展战略。亚洲的一些中心城市也开始了迈向创意城市之旅,新加坡确定了"新亚洲创意中心""全球文化和设计业的中心"的发展方向。2004年10月,联合国教科文组织成立"全球创意城市联盟"(The Creative Cities Network)(以下简称"创意城市网络"),分设计、文学、音乐、民间艺术、电影、媒体艺术、烹饪美食等7个领域接受并批准世界各个城市的加盟申请,授予其相应的创意城市称号。其中,"设计之都"(City of Design)的申请城市最多,竞争也最为激烈,被授予该称号的城市在7个领域中也是最多的。目前,有8个城市获得了这一称号,依次是布宜诺斯艾利斯、蒙特利尔、柏林、名古屋、神户、深圳、上海、北京。获得联合国创意城市称号并不意味着创意城市建设已经完成,而只是表示被认可具有了建设创意城市的基础,并有资格在"创意城市网络"这一平台上展现城市自身的创意风采和创意成果,并与其他网络成员进行交流和分享。如何进行创意城市建设,持续保持所获得的称号,是每一个被批准加入"创意城市网络"的城市面临的课题。在深圳、上海之前获得联合国教科文组织"设计之都"称号的国外创意城市以及像伦敦、纽约、东京这样的国际公认著名创意城市,在其创意城市的发展过程中所表现出来的一些共同特征及其积累的经验,值得我国在创意城市建设中加以探讨和借鉴。

二、创意城市发展的条件

世界城市学派的创始人彼特·霍尔在《城市的文明》中指出:"创意城市古已有之,城市是人类文明的结晶,文化诞生的摇篮,几乎人类所有的创造性成就大都与城市相关。"他分别对公元前5世纪的雅典、14世纪的佛罗伦萨、莎士比亚时期的伦敦、18世纪晚期和19世纪的维也纳、1870—1910年间的巴黎以及20世纪20年代的柏林进行了历史性研究,探讨并归纳了这6座创意城市的共同特征:

第一,这些城市虽然具有较大规模差异,但它们均属于所在时代中的重要城市;第二,这些城市当时大都处在急剧的经济和社会变革之中;第三,这些城市都是大的贸易城市,并且除雅典以外其他城市在所在区域中都是最为富有的;第四,创意城市几乎都是世界性的,吸引着来自四面八方的人才;第五,人才的成长需要特殊的土壤,创意的城市环境是社会和意识形态剧烈激荡的中心;第六,这些城市的政策像磁石一般吸引着人才的移民和财富的创造者。

最后彼特·霍尔总结道,高度保守、极其稳定的社会,或者所有秩序已消失殆尽的社会都不是产生创意的地方。拥有高度创意的城市,在很大程度上是那些旧秩序正遭受挑战或刚被推翻的城市。可以预见,创意城市应是一个给市民提供更多独特体验场所的文化空间。城市的文化资源不仅仅是一种独特的资产,而且能够对塑造城市精神、建立市民对城市的认同感以及形成城市自尊和社区精神都有着十分重要的作用。

三、创意城市研究概述

有关创意城市的研究有两本代表性的著作,分别是英国学者查尔斯·兰德利的《创意城市:城市创新的工具箱》和美国学者理查德·佛罗里达的《创意阶层的崛起》。创意城市并不是一个严格的学术概念,而是一种推动城市更新和再生的模式,它强调消费引导经济、文化生产以及城市规划的重要性。另外,关于如何理解创意城市的内涵,国际上主要有两种代表性观点较具影响力:一个是美国城市研究学者简·雅各布斯(Jane Jacobs)、另一位就是英国研究学者查尔斯·兰德利(Charles Landry)及其研究小组提出的观点。此外,日本学者佐佐木雅幸则在概括上述两者观点的基础之上提出了一种对创意城市的综合性解释。近些年,部分中国学者结合我国实际提出了构建中国特色"创意城市"的基本观念。

(一)美国学者创意城市关键词:灵活、创造性、自由修正

国民经济发展的前提是要转变经济发展模式,实现创意城市经济体系。她所关注的"创意城市"是像意大利中部的波洛涅、弗伦岑那样的集聚了拥有众多富于创造性、技巧和高质量劳动者的专业化中小企业群的城市。这些中小企业的生产模式与工业化大生产模式相比完全不同,它们具有灵活性、高效率、适应性,拥有依靠创新和想象力进行经济的自我修正的能力,它们结成网络,依靠劳动者和工匠的高度熟练技术与灵敏感性生产出具有国际竞争力的个性商品,这种生产模式是继工业化大生产体系之后出现的又一种新的生产体系。因此,简·雅各布斯理解的创意城市就是拥有脱离大生产体系的灵活而富于创造性的"自由修正型"城市经济体系的城市。

(二)欧洲学者创意城市关键词:人才、空间、网络

第二种具代表性的观点是以查尔斯·兰德利为代表的欧洲创意城市研究小组所发表的《创意城市》和查尔斯·兰德利所著的《创意城市:城市创新的工具箱》提出的关于创意城市政策体系的观点。他们立足于如何去解决欧洲随着制造业的衰退而出现的大量失业青年、传统的福利国家体系所面临的财政危机等问题,将目光转向了利用艺术文化所具备的创造力而挖掘社会性潜力的城市实践,认为创意是艺术文化与产业经济的媒介,艺术文化的创造性是解决城市问题的一种途径,城市的创意重要的是能够在经济、文化、组织、金融等各个领域创造性地解决问题并不断引发连锁反应从而导致原有体系具有流动性的改变。

兰德利认为,"创意城市"概念的出现,是由于依靠传统模式的城市再生失去了效果,城市必须吸引新的有才之士,而他们需要城市为其提供能够发挥创造力和想象力的环境。在这个环境中,软件基础设施与硬件基础设施同等重要,人们对于应对变化有充分的精神准备。创意城市建设就是为这样一些创新创造准备了必要的前提条件。要成为创意城市,就必须改变对创意、对事物的思维方式,创造性地思考,促进人与人之间的互动,建立超越工作范围的网络联系,培育宽容性,实行异文化共享,而不是仅仅停留于多元文化的相互理解。创意城市的本质就是培育、吸引、留住具有各种各样才能的人才,并允许

失败，创意城市必须具有能够反映本地特色的城市品牌标识，拥有源于本身所具有的地域特色的全球意识、多样性和包容性以及想象力。查尔斯·兰德利还提出构成创意城市的基础需要七个要素，即个人特质、意志力与领导力、人力的多元性与各种人才的发展渠道、组织文化、地方认同感、城市空间与设施、网络与组织架构。

此外，两位瑞典学者安德松和冈纳也得出了相似的结论，强调了"创意城市"竞争沟通和不稳定性等。

（三）日本学者创意城市关键词：创意、消费、场所、政策

日本创意城市研究者佐佐木雅幸在概括简·雅各布斯和查尔斯·兰德利观点的基础之上，提出了创意城市的定义：创意城市是基于市民创意活动的自由发挥，文化与产业均富有创造性，同时具备脱离了大生产体系的、创新性的、灵活的城市经济体系，能够创造性地解决全球性环境问题或区域性社会问题，拥有丰富创意场所的城市。此外，佐佐木雅幸还提出创意城市应具有六个要素：一是艺术家与科学工作者的创意，同时一线劳动者与手工艺工作者也需要开展创意活动；二是一般市民要具备能够享受艺术文化的充裕收入和自由时间；三是具备各种大学、技术学校、研究所和剧场等充足的文化设施；四是环境政策是城市发展政策的重要组成部分之一；五是城市发展政策要考虑经济与文化平衡发展；六是在城市综合发展政策中创意文化政策占有一席之地。

佐佐木雅幸对创意城市的定义及其所总结的创意城市的六个要素，简明扼要地给出了创意城市区别于其他城市的内涵特质和建设创意城市的必要条件，为我们理解创意城市的内涵与特征提供了一个较为清晰的轮廓。实际上，他所提出的六个要素，包含的是创意及创意活动、创意产品的消费市场、创意人才的培养场所和文化创意设施等创意空间以及城市发展政策四个方面，这也正是我们建设创意城市所应关注的。

（四）中国学者创意城市关键词：公共政策、文化体验、社会网络

"创意城市"概念主要源于国外等学者的研究，他们对创意与城市发展，创意城市的内涵、构成要素、类型、评价及公共政策做了深入研究。国内对创意城市研究的起点和重点，与国外有较大的差距。而如今，国内学者鲜有人为

"创意城市"提出清晰定义,大都沿用了查尔斯·兰德利与佛朗哥·比安奇尼合著的《创意城市》的界定与爱兰·斯各特在《创意城市:概念问题和政策疑点》一文的相关阐述,并认为"创意城市"是伴随着西方发达国家1980年以来去工业化过程中出现的一种城市发展理念。有部分学者认为"公共政策、文化体验、社会网络"是创意城市的主要发展路径,从创意城市建设的三大推进主体,即创意者、消费者、管理者形成合力的角度进行路径设计,覆盖了包括创意的形成、创意的转化和创意的消费三个环节,旨在营造出具有综合功能的创意磁场,从而通过构建完整的城市创意产业链,实现城市的整体创新。什么是"创意城市",至今虽然并没有具体定义,不同学者对"创意城市"的关键因素,也有着不同的解释。"创意城市"的内涵也是随着时代发展不断变化,为重构城市发展路径、寻求创意城市建设提供突破口。

第三节 创意城市的类型

科技一日千里,正促使世界快速变化,朝着一个"地球村"方向发展。"地球村"并非意味着城市的消亡,而恰恰相反的是,拥有足够活力与创新能力的城市,则更加自如地掌控未来。特别在欧洲的城市,为了不在竞争版图上被对手击败,正积极努力增强城市自我更新力、竞争力,运筹精明增长且独具创造力的发展策略,朝着建设更具竞争性的、创意化城市方向迈进。什么样的城市才是创意城市?如何辨识?学界众说纷纭。

彼特·霍尔曾明确指出拥有创意产业并不必然意味着创意城市的形成。经济地理学家安迪·普拉特也认为,一座拥有创意产业的城市并不能简单地等同于创意城市,是否成为创意城市的关键在于这座城市是否能够为创意产业提供长期可持续发展的环境氛围。也就是说,要在发展创意产业上有持久性,不单单是要有现有的创意产业,也要求有消费市场、生活方式等软件支持和基础设施、活动设施等硬件支撑。发展创意城市的真正意义在于对城市的重新思考,更新社会发展模式,推进城市的可持续发展。

目前关于构成创意城市的要素还没有统一的说法,但是无论是哪种说法都强调了创意环境的重要性。所谓创意环境简单地说就是指一个城市的创新氛围,是城市的市民集体参与的创意空间。市民在其中共同合作，并在合作过程中提出新的想法。创意环境不单单是一个文化概念，也有其经济含义，它更多地表示出对于城市内部的经济网络以及弹性的劳动力市场的依赖，强调城市信息网络的重要性。城市的文化氛围自然成为构建创意城市必不可少的组成部分。

城市只有在具备了自由的人文氛围、多元的文化特质和独特的城市个性以及便利的经济网络的情况下，才能谈及构建创意城市。构建创意城市首先要加快城市基础设施的建设和改造，提高城市生活质量，满足创意阶层对城市便利性的要求。城市的公共设施不但具备服务功能同时也是城市个性的象征，在城市更新中还要非常注意对城市的历史加以保留和传承。同时要关注城市的便利性，城市小型的服务设施如咖啡馆、酒吧既是吸引创意阶层的因素也是城市文化的重要载体，在设计上要注重体现城市特性，在布局上要格外注意其便利性。

构建创意城市还要鼓励开展大众文化教育普及活动，帮助创意产品在市民文化生活中的广泛传播和大力发展，来营造整个城市的创意氛围，通过与消费者的良性互动，丰富消费市场。同时要关注各个创意企业之间的网络联系，努力营造一个迅速、通畅的信息网络和弹性高效的人力市场。

综合众多学者的研究成果，霍普斯进行了全面总结，归纳出创意城市集聚性、多样性、不稳定性的三大特征。霍普斯认为彼得·霍尔的研究说明创意城市是属于每个时代的一种现象，但没有一个城市总能永久呈现创造性的。

一、技术创新型城市

在历史上技术创新城市的案例，均是新技术发展的发源地或是技术革命的地方，通常是由一些深具创新精神的企业家，即约瑟夫·熊彼特所谓的"新人"（new men），创造出某一合作式、专业化与创新的氛围，通过创造既相互合作又专门化分工并具有创新氛围的城市环境而引发城市的繁盛。经典的城市案例就是底特律，亨利·福特等建立了美国自1900年以来汽车工业的基础。其他的案例如19世纪的曼彻斯特（纺织业）、格拉斯哥（造船业）、鲁尔工业区（煤与铁）、柏林（电力）。近代技术创新的城市，特别是被视为信息科技的"麦加圣地"——美国硅谷与马萨诸塞州的剑桥。

二、文化智能型城市

　　文化智能城市的创造力形式不同于技术创新城市,从历史的角度而言,这类城市偏重于"软"条件,如文学和表演艺术,通常都是出现在保守势力和具有创新思维的激进派相互对峙的紧张时期。主张改革的艺术家、哲学家、知识分子的创造性活动引发了文化艺术上的创新革命,随后形成了吸引外来者的连锁反应。其文化与科学的发轫,源自思想交锋带来的社会张力,而艺术家、哲学家与智者在这世代的鸿沟中产生许多创意的响应,柔性的"创意革命"如同磁石一般吸引着外围人士,塑造该城市成为释放心智的场所。例如,雅典是民主的摇篮,文艺复兴时期百花齐放的佛罗伦萨,如同17世纪的伦敦(歌剧)、巴黎(绘画)、维也纳(科学与艺术)与20世纪初的柏林(歌剧)都是文化智能城市的典范;就连生机勃勃的大学城如剑桥(英国与美国)、波士顿、爱丁堡等都是近代文化智能城市的代表。

三、文化科技型城市

　　文化科技城市是将前两者城市形态主要特征融合而成的城市,其中文化与科技是相辅相成的,这类创意城市兼有以上两类城市的特点,技术与文化携手并进,在过去已衍生成"文化产业"。例如,电影工业的美国好莱坞、孟买"宝莱坞"、音乐工业的美国孟菲斯市、时尚工业的法国巴黎与意大利米兰、新浪潮音乐的英国曼彻斯特、90年代多媒体工业的加拿大多伦多、现场音乐演奏的美国奥斯汀、娱乐与新媒体工业的英国汉堡市,以及2001年被选为欧洲文化首都的荷兰鹿特丹,部分原因是其拥有建筑与电影嘉年华。彼得·豪尔对本类型的创意城市在21世纪有更大的期许,他认为一个以科学技术之互联网与多媒体结合文化的城市,将拥有更远大的未来。彼得·豪尔也曾明确提出"艺术与技术的联姻",认为这种类型的创意城市将是21世纪的发展趋势,将互联网、多媒体技术与文化睿智地结合在一起,文化技术型城市将会有一个黄金般美好的未来。

四、科技组织型城市

人口大规模聚居给城市生活带来了诸多问题，因应大规模的城市生活所衍生出的问题，如城市生活用水的供给，基础设施、交通和住房的供应等问题，城市政府必须做出富于创意与智慧的解决对策。例如，罗马在恺撒大帝时期（引水渠桥），19 世纪伦敦、巴黎（地铁系统），1900 年的纽约（高楼大厦），战后斯德哥尔摩（耐用住宅），1980 年伦敦（港区再造），巴尔的摩（城市更新），安特卫普（港湾再造），巴黎（地铁系统结合电车与轻轨、巴士系统）。相较于其他形态的创意城市，科技组织型城市主要是由政府与当地企业社群相助合作的创意工作模式，是在政府主导下与当地商业团体公私合作推动创意活动的开展，共同为城市建设助力，形成了"公私协力合作"的协同创新模式。

第四节　创意城市的构建要素

创意城市的发展大多关注三个层面，即有各种创意产业发展的机会，有各种吸引人才的便利设施，有容忍多样性的城市氛围等。建设创意型城市，必须促使城市成为一个更加宽容的城市，让各种创意都可以得到应有的尊重，这也体现了创意城市与传统城市发展逻辑的重大区别。

霍普斯认为集中性（concentration）、多样性（diversity）和非稳定状态（instability）三个要素能增加城市创意形成的机会。集中性能够带来人们信息交流和社会交互所必备的集聚效应，使得城市中创意的可能性大大增加，集中不仅仅体现在人口数量上，交互的密度更为重要。多样性不仅仅是城市居民的个体差异，还包括了他们所掌握的不同知识、技能和行为方式，甚至扩展到城市不同的意象和建筑。多样性能够带来动力，使城市生活更加繁荣，是创意城市产生的丰厚土壤。此外，霍普斯发现一些处于危机、冲突和混沌时期的城市却展现出极大的创意。因此，非稳定状态也是引发创意的不可或缺的基本因素。

"3T"与"3S"说：佛罗里达认为构建创意城市的关键要素是"3T"理论，即技术（technology）、人才（talent）和包容度（tolerance），即为了吸引有创意的人才、激励创意和刺激经济的发展,一个创意城市必须同时具备这三者。技术是一个地区的新经济和高科技的集中表现;包容度可以定义为对所有少数民族、种族和生活态度的开放、包容和多样性;人才则指那些获得学士学位以上的人,即他所谓的创意阶层。但爱德华·格莱泽认为"创意城市"真正有效的因素是3S,即技能、阳光和城市蔓延。

七要素说:查尔斯·兰德利认为,创意城市的基础是建筑在人员品质、意志与领导素质、人力的多样性与各种人才的发展机会、组织文化、地方认同、都市空间与设施、网络动力关系七大要素上。通过这些要素,营造出兰德利所谓的"创意环境",让创意在最适宜的环境中成长繁盛。

作为"创意城市"的评价尺度,美国、欧盟最早开展了区域"创意指数"的测评,以量度区域创意产业发展的绩效。美国学者理查德·佛罗里达提出的3Ts模型,较早阐释"人才、技术、包容度"三个维度激励创意经济发展的规律。理查德·佛罗里达牵头研究提出"欧洲创意指数",相比3Ts模式有较大发展,但其核心思想仍然认为,一个国家或地区的竞争力取决于其吸引、保留和发展创意人才的能力。美国学者兰德利对巴塞罗那、悉尼、西雅图、温哥华、赫尔辛基、格拉斯哥等城市进行个案深入研究之后,提出创意城市共同的成功点是"富有想象力的个体、创意组织机构和有明晰目标的政治文化"。上海在国内最早测评了创意指数,提出人才、文化与社会环境对创意产业发展的关键作用。

概括起来,创意城市至少需要满足三个条件:首先,社会文化的多元性和开放性,它可以促进创意人才、企业和创意产业的交流、融合;其次,城市产业发展能提供足够的发展机会;最后,创意城市还应有能够吸引创意阶层的高品质生活环境。

一、跨界融合

创意城市的兴起具有明显的空间地域性,对创意人才、文化包容和文化批判等构成的城市文化基础有着明显的依赖。佛罗里达将城市社会中兴起的这一不同于工人阶层与服务阶层的群体称之为创意阶层,并深入研究了创意阶层对城市和区域发展的影响,提出了解释城市和区域发展的新的理论——创意资本理论。创造力来源于一个有益于文化发展的城市环境,创意城市形成的基础在于城市文化的提升,依赖于创意人才的培养,只有人才才能建构新的技术和理念、新的商业模式、新的文化形式和新兴的产业,这些就是所谓的创意资本。文化是创意的平台与资源,为创意提供各种激发灵感和有利创作的素材;创意是思维和观念力量的实践,需要文化所蕴藏的多元价值、生活方式、消费模式等资源的支持。文化特征和文化品质为城市在竞争中脱颖而出提供了特色资源,城市的决策者把握文化的发展动向,在城市发展中关注不同的重点和选择不同的方法,最后将城市文化的进步程度融汇和固化于城市景观、产业传统、社会网络和个人技能等方方面面。

(一)文化的反思与传承

在英国创意建立在对传统社会和文化反思的基础之上,起源于向现存的社会秩序、生活方式、价值观念和行为模式发出挑战,由于较早拥护民主制度、进行海外扩张和经历了宗教破坏的不良影响,伦敦和英国社会已经形成了宽容和开放的价值观。文化的多样性是创意城市发展的关键因素,多样性、开放性和竞争性的发挥可以有效地促进城市产业和建设的创新。在大伦敦区,居民说着近30种语言,人口在1万人以上的少数族群社区有50多个,少数族群为城市贡献了诺丁山嘉年华、哈顿花园的珠宝业等多个创意产业项目。英国的社会等级制度历史悠久,早在1688年英国社会就被分为26个等级,后来这种社会等级逐渐演变为贵族绅士阶层、市民阶层和劳动人民阶层,它们分别对应于社会上层、中层和下层,这三种阶层的人接受不同的教育,从事不同的行业,他们之间的界限非常清晰明了。这种等级观念在20世纪受到了越来越多的挑战,两次世界大战摧毁了贵族政治的海外遗产——日不落帝国,工人普选权和妇女选举权的实现促进了工党的崛起,实现了国内新的两党制。在社会文化方面,与西方消费社会相适应,战后英国的城市文化已转为享乐主义,享乐主义的世界充斥着时装、摄影、广告、电视和旅游等行业,消费社会和享乐主义客观上呼唤着社会经济机构以工业的方式大量生产适合于享乐主义者消费的文化产品。文化艺术在此之后获得了新的发展,在音乐的某些方面,英国人甚至已经从美国人那里取得了部分领先地位,流行音乐、古典音乐和乡村音乐都获得了较为快速的发展,风靡全球的甲壳虫乐队就是其中最著名的代表;各个城市举办的城市音乐节日渐繁荣,为英国音乐界发现和输送了不少新生力量。从20世纪80年代开始,英国音乐产品出口总值便已经超过了传统的工程行业。以伯明·翰学派为代表的英国文化研究为我们理解和诠释创意产业提供了另一种视角，他们将文化置于一种社会生产与再生产的理论中加以研究。受其影响，20世纪80年代以来，英语世界流行一种专注于大众传媒和商品符号及文化消费的文化研究，这种研究以符号学和后现代的游戏规则为工具，以对大众日常生活的文化消费的阐述为诉求目标，通过对西方资本主义社会日常的消费文化现象进行解读，凸显大众在符号消费中积极的创造性、艺术性和审美感，以期为大众的消费行为和商品符号的构建寻求意义。英国的文化研究没有清晰的学科界限和固定的方法论，以一切当代的文化现象为研究对象，它既是对当时保守的文化观念的反驳，也是对后工业时代社会文化理念和分析方法的发扬。20世纪90年代初，英国媒体理论家尼古拉斯·加纳姆认为，创意产业采用了特有的生产方式和行业法人组织来生产和传播符号。这些符号虽然不是全部作为商品，但是其表现形式却都是文化商品和服务，这一论断将经济学分析与文化理论紧密地结合起来，反映了精英文化与大众文化日趋融合的发展趋势。

（二）创意的融汇与多样

创意产业是以经营符号性商品为主的活动，这些商品的基本经济价值来源于其文化价值，而文化价值的创造力来源于一个有益于文化发展的环境。自工业革命以来，英国人文学科当中就一直存在着批判现实主义的文化传统，即雷蒙·威廉姆斯所谓的"文化与社会"的传统，以反传统和非历史的价值取向作为研究的指引。这种文化传统的核心思想认为工业革命之前存在的有机和谐的文化受到了人为的工业文明的侵蚀，导致当代精神和文化的危机，摆脱危机的出路在于发现和扩大有机的社区和文化价值。创意阶层的聚集体现出了知识的集中，他们通常是出现在城市经济多样化程度较高的大城市，这里的劳动力市场对专业人才需求量大，具有文化多样性和包容性、准入门槛低、城市服务业水平高、人才和创意资源集中等优势。

（三）人才的集聚与养成

创意城市的核心竞争力在于创意人才在城市聚集而成的创意阶层和风格独特、充满智慧的灵性创意，这就要求创意人才头脑灵活、思路开阔，敢于突破常规思维的束缚，对周围事物充满好奇与想象。创意人才在知识内容的创新和生产方面发挥着领导作用,他们提供对经济成功关键性的观点、方法、创意和想象力。兰德利认为,真正的创造力包括思考或从基本的原理出发思考问题的能力,从似乎杂乱无章或截然不同的事物中发现共同线索的能力、实验的能力、敢为人先的能力、修改规则的能力、想象未来方案的能力,以及或许是最为重要的——在一个人所能胜任的边缘状态下而不是完全胜任的状态下工作的能力。创造力源于一个有益于文化发展的环境,创意产业依附于城市的发展,带有强烈的空间模式色彩。佛罗里达认为成功的创意城市可以通过吸引杰出的工作团队来达到吸引投资的目的。这些人才分布在科学和工程、建造和设计、教育、艺术、音乐和休闲娱乐等领域,这些工作的经济功能是创造新的思想观念、新的技术手段和新的创意内容。越来越多的国家认识到长期的经济优势在于吸引和留住人才的能力,而不是单纯的商品、服务和资本的竞争。城市区域最明显的优势是它们培养、吸引和留住优秀人才的能力,这些人才在知识密集型的生产和创新中居于主导地位。英国的创意教育在全球居于领先地位,在许多艺术、设计和技术院校中强调自然表达的创意方法有助于创意部门的成功,最好的学校非常重视对技术方法发展的想象力,并为学生参与实践项目和实习教育提供便利。这些学校吸引的学生来自世界各地,其中的许多人留在了英国的创意产业领域。牛津、剑桥等著名大学为人才培养提供了坚实的教育基础,在英国的创意产业中,有70%以上的从业人员都受过某种程度的高等教育。在这个领域中,高等教育对于学会怎样工作是十分重要的。创意阶层对职业和居住空间的选择更注重城市的某种特质,如宽松、多样的都市氛围,坚实的创新基础等,也就是说,创意阶层高度集中于某些特定的城市和区域。

二、竞合机制

自主创新能力是新型城镇化的核心动力,创新资源是新型城镇化战略实施的基础,主要包括人才、信息、知识、经费;创新机构是新型城镇化创新行为主体,包括企业、大学、研究机构、中介机构、政府等;创新机制是保证创新体系有效运转的基础,包括激励、竞争、评价和监督机制;创新环境是维系和促进创新的保障,包括创新政策、法律法规、文化等软环境,信息网络、科研设施等硬环境,以及参与国际竞争与合作的外部环境。

虽然一个城市的创新系统是由多方面要素构成的,但是其最基本的是人才、政策、创新,有了这三个方面,城市的文化创意产业才能有根本性的保障和推动力。在这三要素都成熟的条件下,应该着手建立适合城市自身的创意生态系统。城市的创意生态系统可以借鉴佛罗里达教授的相关指标与模型,佛罗里达教授的"3T"模型,实际上也是创意城市的雏形。"3T"模型架构应用于欧洲地区以及之后的"欧洲创意指数",这个模型的三要素主要仍是技术(technology)、人才(talent)和包容性(tolerance),这三项都被看作是创意经济增长的驱动力。在借鉴这一理论的同时,需要注意的是一个城市的创新体系需要从多个方面去考虑。

从当前文化创意产业发展的形势来看,建设城市的创新体系至少可以体现在以下三个层面,分别是城市运行政策体系、管理体系和创意产品体系。这三个方面是相辅相成的,是城市创新和可持续发展的瓶颈。在一定意义上,其实这三个方面也是老生常谈,但只有这一问题的根本解决,城市的创新生态才能真正建立起来。现在,经过艰难的探索,解决这一问题的契机已经到来,那就是以城市文化创意产业的深入发展来激发创新活力。文化创意产业要做大做强,必须从根本上解决以上三个问题,同时也只有不断地从根本上改善这三个方面,文化创意产业才能真正得到长足发展,这是由文化创意产业的性质来决定的。

在文化创意产业蓬勃发展的大好形势之下,应当坚定城市创新驱动之路,建设城市创新生态系统,以国内外创意城市为借鉴来选择自身的发展路径和模式,为城市经济方式转变和社会全面转型而努力。在全球化趋势不断加强、国际竞争日益激烈的今天,以文化创意为核心的创意产业的发展规模,已成为衡量一个城市综合竞争力强弱的重要标志之一,文化创意产业与城市发展的互融、互动和互促效应日趋显著,文化创意产业的深层发展及其所带动的整体城市创意等相关问题成为当前关注热点,文化创意产业已经成为创新型城市的血脉。我国对深化文化体制改革和推进社会主义文化大发展大繁荣做了重要决定,各地政府也积极进行相关工作部署,这预示着城市文化创新与发展繁荣的另一个崭新时期,这也将成为创意城市和新型城镇化建设的共同机遇,将推动创意城市和新型城镇化建设的进一步发展。

三、创客环境

创意城市不是一个政府或部门的责任,而是全体市民的责任,每个普通人都可以创新、创造奇迹,城市就是一个复杂的集体文化产物,是全体人民的集体记忆,因此,创意城市的塑造是每个人都肩负的责任。全球化时代,城市的魅力决定了它的竞争力。创意城市的魅力不是用钢筋和水泥可以撑起来的,更是一场富有想象力的竞赛。

20世纪是工业时代,但21世纪是创意时代。用建筑的高度、马路的宽度来衡量城市的发展,那是20世纪的思维。对这个世纪的人来说,一个可以刺激他们想象力的城市,才是有魅力的城市,停留在工业思维的城市人,会认为老建筑是负资产。换作是创意城市的居民,会认为老房子可以创造新价值。旧,可以是一种新的资产。单一的生产型城市很难在未来继续产生巨大的经济效应,而且即便是生产型的城市,在生产的过程当中也是可以有创意的。创意城市应该创造条件,让大家能够用想象来思考、来工作、来解决问题,使生活其中的人们更舒服、更便利、更发达。

城市最重要的空间,是市民的互动空间,政府除了建高楼、增加获利外,城市改造应该考虑周边社群价值,提供一个更活跃的互动空间。因此,相较于硬件,创意城市的文化软实力更显得重要,而这都依赖全体市民一同建构出的协同交流的环境。

包容性对创意城市的意义在于能够吸引创意人才并能容忍各种奇思妙想,而多样化的文化交流更有利于创新。这样的文化氛围就可以吸引更多的创意人才和公司,产生更多的创新。此外,任何产业的发展都需要一定规模的市场,对创意产业而言,其受众已不仅是消费者,他们与生产者的互动不仅引导着创新,甚至也会参与创意的生产。因此,具有一定数量和较高水平的受众也是促进创意城市成长和发展的重要力量。

浓郁的文化创意氛围是创意城市区别于其他城市的一大主要特征,这种特征有利于诞生和培育富于个性、创新性和创造力的创意人才,营造适于创意人才和企业生存发展的优良环境,形成巨大的创意产品消费市场。其主要表现在以下几个方面:

（一）多元文化的包容与融合

许多创意城市由于其地理位置、发展历史以及对外来文化的包容与学习传统、开放的政策等原因，而使其形成多种族、多民族以及多元文化共存、交流融合的文化氛围。创新诞生于各种文化、思想、人物的交流，多元文化的交流融合特别有利于引发创新，产生各种各样奇特的创意。纽约，在该市人口构成中，黑人、意大利人、波多黎各人和爱尔兰人后裔占80%左右，来自世界各地的移民集聚于此，带来了世界各地、各种族和各民族的文化，这些文化交融，形成了纽约极富创新、创意的土壤和开放、自由的氛围。

布宜诺斯艾利斯，最早被联合国教科文组织授予"设计之都"称号的城市，也有着与其他创意城市相似的多元文化兼容并蓄的特点。它容纳了来自不同文化背景，包括意大利、黎巴嫩、亚美尼亚等不同国家和地区的大量移民，从而形成一种显著的多元融合性文化，其文化产业创造了本地7%的经济收入和4%的本地就业。根据《经济学家》杂志调查，布宜诺斯艾利斯因其充满活力的文化氛围被评为拉丁美洲的最佳城市，这个城市集中了全国80%的文化创意产业及其10%的产出。同样成为创意城市的日本东京、"设计之都"神户等，都是通过包容外来文化而融合多元文化形成了开放、宽松、富于创新与时尚的文化氛围，这些成为其形成创意城市的基础优势。

（二）创意氛围的充实与丰富

文化、教育设施及文化活动的数量是最能体现一个城市文化环境和氛围的要素。创意人才及兰德利所说的"关键多数"或者佛罗里达的"创意阶层"都需要多种培育和表现的平台或舞台，将其无限的创意才能、创新的思维通过各种方式加以发掘和表现，并且他们还需要进行不断的相互交流，通过交流产生新的创意。丰富的文化、教育设施以及各种文化活动能够为他们提供足够充分的培育、表现、交流的平台和舞台，能够吸引、培育一批又一批年轻创意人才和创意产品的受众，营造浓郁的文化创意氛围。尤其是国际一流创意城市，这方面的表现非同寻常。

丰富的公共文化活动空间和内容为城市营造了创意氛围。在国家博物馆数量方面，伦敦、纽约和巴黎分别为22个、16个和19个；在主要剧场演出剧目数量方面，伦敦、纽约和巴黎分别有17285个、12045个和15598个；在音乐场所数量方面，伦敦、纽约和巴黎分别有400个、151个和122个；在文化节数量方面，伦敦、纽约和巴黎分别有200个、81个和40个。这些数据进一步印证了伦敦是世界上最具创意文化活力的城市。而德国柏林，每天有1500个文化活动，此外有5所艺术大学以及数不清的私立院校提供设计专业的教育，大约有5000名设计专业的学生，其中很多学生在毕业后都选择留在柏林继续从事设计类工作，这一切进一步推动了柏林设计产业的发展。同样，作为"设计之都"的布宜诺斯艾利斯，有40多所大学，其中的数所开设六大类设计专业，仅仅只是布宜诺斯艾利斯大学招收的设计专业学生就多达35000名，每年会举办大量各种各样的设计比赛以及其他创意活动，吸引了众多参赛者和参会者，这对营造城市的创意氛围、进一步吸引创意人才集聚产生了极大的促进作用。

第五节 创意城市的构建策略

一、空间认知策略

创意城市是一个密集人口聚集与多样化的城市，有着诸多让创新激发的机会。有许多城市符合这些条件，但并非每一个城市都具有同等的机会成为一个创意城市，即使是一个地区拥有基本的创造条件，但是到最后其能否具有创意在一定程度上取决于其被认定的程度，这就是心理学家所说的"感知"。因为人们无论是市民、企业或观光客，在做决定前是一无所知的，仅通过以往他们可能曾经获得的讯息或知识，而这些讯息或知识都是选择性的、非自身实际经历的或是从媒体中获得的，通过这样的感知，人们对现实建构属于自己意象，即地理学家所称的"空间认知"；该意象将影响人们决定到何处工作、定居或度假。通常这样的决定不是建立在主观的地区环境特征，而是个人客观的观点对地区环境的感知，特定区域唤起人们心中的意象，进而左右个人对于选择定居地点的影响要素。对地区空间的认知同样可以应用到对城市的认知：我们多多少少对特定的城市已有固定的印象，不论是基于正确信息或是个人偏见，相关研究显示城市意象被正面态度程度的高低所影响，即一个城市"被知道的""不被知道的、不被喜好的""被知道的、被喜好的",如同爱因斯坦的名言,"打破人身上的偏见比掰开一个原子难得多"。该名言可以运用在知识经济中人们对于城市意象的形成,这可以解释像纽约、伦敦等通常被外界认为是较富创意且创新的城市。与此同时,亦有一些较少为外界所知晓的地区,例如德国的鲁尔地区、荷兰的特温纳与西兰岛均具有传统的意象,虽然目前具备了创造条件。所以,这些地区的过去历史,扮演着决定性的角色,意指这些地区将承受过去长久以来作为唯一一个乡村的、传统的及不鲜明的,甚至负面的意象,因此在宣传提升这些地区为知识区域的同时,往往为了呈现所谓"酷"的地区而失去原有城市特质。创意城市如伦敦、巴黎、柏林、阿姆斯特丹等城市,则是能够仰赖着过去光荣历史桂冠得以延续,在这里我们可以看到城市间的"马太效应",即富有者更加富有、贫穷者更加贫穷的现象。从许多城市都可体会到,表面上看似不重要的细节例如(城市意象),都可能是知识密集公司决定企业落脚、人们寻求居住城市或是观光旅游目的地的决定因素。当企业或目标客群认知为不良的城市意象,则可能驱使他们离开这个城市,意味着这个城市将减少收入,因此越来越多的城市开始寻找自身城市的不足之处并投资在都市设施建设的供给上,同时他们也致力于在城市内外传达城市的魅力与创造力,正面的城市形象塑造策略就是我们所熟知的"城市营销"或"品牌化"。目前,这是最热门的宣传工具,用来提高城市的知名度及声誉。城市大量地运用争取头条式的口号标语与宣传活动,以争取在世界上的能见度,虽然城市营销的效益不易评估,但确实有部分的城市发展成为强势的城市品牌,如伯明翰、格拉斯哥、都柏林、慕尼黑。城市该如何与其他竞争对手有所区别是一件非常值得关注的议题,如在荷兰的代尔夫特、恩斯赫德、艾恩德霍芬三个城市,均规划为科技与知识城市,并定位为"技术创新城市"的创意城市形态,但均未强调其各自城市的独特性,这样的结果很容易被猜到,模糊不清的口号标语仅透露微弱的讯息,如"技术领先""知识城市"。三个城市中,没有一个城市能与其他城市有所区别,且无法得知该城市要为知识工作提供怎样的工作与居住环境,因此,这三个大学城市正减弱其竞争力。真正的竞争实力应建立在既有的基础上以及强调本地条件,一个"穿越传统的趋势"策略。同样的,一个不知名的荷兰城市阿尔默勒通过"城市营销"而获得声誉,该城市的行政机关为改变城市形象,决定组织大规模的营销策略活动,目的是要吸引新的商业活动注入城市中,同时亦引导人口的增长。为了建立城市意象——商业活动中心,市政府配合地方商业团体的赞助成立基金会,其标语为"在阿尔默勒真正可能的",基金会成立以后,其宣传活动将广告印制在国家出版刊物上,将阿尔默勒市民唱颂着城市礼赞的画面播放在电视广告中,基金会亦将大型的城市事件(如荷兰沙雕艺术节)与大型企划案(如世贸中心分部的设立)引入该城市中。经过阿尔默勒城市的努力,不仅塑造了强而有力的城市品牌形象,同时也引起其他周边城市的效仿,企图能在城市的竞赛地图中脱颖而出,而城市亦将能受惠于该创意策略所带来的甜蜜果实。

二、产业引导策略

在创意城市中,广告、建筑、艺术、工艺、设计、时装、电视、广播、电影、录像、休闲互动软件、音乐、表演艺术、出版与软件设计等以智力资本为主导要素的创意产业成为城市的核心产业,而占领价值高端、重塑产业价值链,以此引领消费需求、实现市场创新、推动城市经济发展,则是创意产业发展的创新模式。

一是以消费需求为中心,重塑产业要素和流程的价值链模式。传统意义上的产业是同类企业的集合,按照研发、生产、销售的一般流程组织生产,是产品导向型的生产链结构,彼此间缺少横向联系,产业组织以垂直一体化为特征。创意产业则推崇"消费者为王",关注顾客价值,以消费者的需求为导向,组织创意研发设计、创意产品的制作和销售推广等流程,呈现跨部门、跨行业、跨地区的产业组织形态。在这一过程中,创意处于产业价值链的最高端,可以为不同的产业服务,并主导相关产业利润的分配。比如围绕消费者对产品创新的需求,通过创意设计,赋予普通日用品更多的新功能,像会唱歌的酒瓶、会变色的咖啡杯、会说话的电饭煲等,这里的创意设计可以渗透到各行各业,通过创意价值的输出形成新的产业链条。

二是以观念价值实现市场创新的发展模式。与传统产业注重改变产品功能价值(或使用价值)不同的是,创意产业主要通过改善产品的观念价值获得市场和利润。这一模式的重点在于以创意产品及其附加的观念,创造新的消费时尚,激发消费者潜在的购买欲望,从而达到拓展市场空间、实现价值增值的目的。

三是符号价值的开发与利用模式。与传统产业利用自然物质资源不同，创意产业依赖知识产权、文化等无形资源的开发和利用，这些资源能够被反复开发与利用，运用新的技术和传播手段，可开发成为不同的创意产品，能够获得倍增价值。比如小说《哈利·波特》，其版权经过反复交易，内容被开发成电影、游戏、主题公园、玩具等，其特有的文化符号被广泛应用于文具、服装、箱包、家居、钟表等，系列产品遍布全球，与哈利·波特相关的衍生产业、支持产业、配套产业等创造了高额的市场效益。

三、立体保障策略

通过完善政府治理机制，形成立体化的创意城市保障措施，更好地发挥出地方政府在创意城市建设中的组织、领导和推动作用，建设创意城市是知识经济时代对各个城市特别是区域中心城市提出的客观要求，是建设创新型国家的必然要求，对欠发达地区的城市来讲，也是实现跨越式发展的难得机遇和良好契机，城市政府在创意城市建设中起着主导作用。为此，城市政府要以培育完善的区域创新体系、增强自主创新能力、建设创意城市的治市理念加强领导，创新各种制度，改革管理体制，科学制订战略布局规划，优化设计各项政策，完善政府治理机制。同时建立健全自主创新的综合服务体系和支持体系，制定和完善创新政策与科技法规，规范企业的创新行为，为自主创新提供财税支持、投融资支持和信息服务支持，推动产学研合作；优化法治环境，加强知识产权保护，引导创新资源，促进创新要素的合理流动与优化配置，调节好各创新主体间的关系，推动和引导企业成为自主创新的主体；确定灵活、宽松、开放、更具人性化的创新人才引进、使用、选拔、培训和激励机制，推动人才制度的创新，保障各类创新人才更好地发挥作用；优化科技管理体制，改进科技资源配置格局，使政府部门从科技资源配置的主体角色，转变为资源配置的制定者、资源配置的监督者、资源配置绩效的评估者等"裁判员"的角色，建立创新激励型政府，促进政府职能的转变与管理模式的转型，更好地发挥出科技资源的配置机制对自主创新的支持、激励和保障作用，提高其效益。总之，通过加强领导、深化改革、优化管理、转变职能，建立起适宜自主创新的环境、体制、机制和法制，全面推动构建创意城市的各项工作。

四、氛围营造策略

从古代罗马时期到现今的著名城市的发展轨迹，虽然每一个城市在每一个时空背景环境下，有不同的样貌呈现，但审视这些城市可找到一个共同点：它们没有一个不是在技术上、文化上、知识上或组织架构上"孕育创意"的场所。特定地区人口的集中化与多样化，不足以使其成为创意城市。若我们回顾历史，可以注意到在一段危机、对抗与混乱的时期，更能展现相关城市伟大的创造力。以一个世纪前的维也纳为例。当时维也纳是奥地利的首都且聚集许多欧洲智者与艺术家，也就是当时知识经济的核心，数不尽的高声望的贤达人士与艺术家，如维特根斯坦（哲学家）、弗洛伊德（心理学家）、赫兹（物理学家）、熊彼特（经济学家）、罗西（建筑）、克林姆（绘画）、克劳斯（政治思想）都出现在这个城市。当时的维也纳拥有三个创造力产生的条件，即让城市拥有多元化的过剩人口、丰富的公共生活与紧密的社会网络，所有的学院机构一个接着一个，且都在步行距离范围内，增加知识分子彼此沟通与互动的机会。1900年后，塑造维也纳城市创意氛围的一个重要背景是"咖啡厅因素"，城市中的咖啡厅营业时间从清晨到深夜，为人们提供启发灵感的绝佳场所。这种多元化的文化体验氛围的营造为构建吸引消费者的创意磁场、实现城市创意价值提供了有效推进路径。

首先，开发多样化的创意交互空间。在城市中开发设计互动式的体验空间，让消费者以及各种各样的人走进来，实现其与城市文化的交互，在体验交流中使城市获得认同。比如具有文化符号意义的城市博物馆、城市地标建筑、城市文化商业区、城市旅游休闲区等，通过功能叠加均可开发成为创意交互空间，成为培育创意消费意识、获得创意价值认同的空间平台。

其次，举办多元化的文化创意活动。研究表明，文化多样性直接影响着城市的创意活力，而多元化的文化创意活动则有利于促进文化的多样性。城市可以频繁地举办各类大奖赛、会展、节庆、论坛、传统庆典等，让消费者及社会团体直接参与文化活动的组织、策划和体验，不仅能够丰富城市的文化交流，增加文化多样性，还可以激发民间个体创意活力，为城市积累一定的文化资本。同时，大量文化创意活动的举办和世界级大型展示展会的交流，有利于树立创意城市的形象和地位，并获得世界的认知和认同。比如，上海世博会的举办,在为上海带来人流、物流的同时,也汇集了更多的思想流、信息流、财富流,极大地推动了上海迈向创意城市的步伐,提升了上海的国际形象和知名度。

最后,搭建市民参与项目建设的平台。市民也是创意城市建设的中坚力量,为普通市民参与和体验城市创意活动搭建平台,一方面体现了城市文化的包容性,另一方面也能够增加市民的地方认同感和自豪感。政府应当树立百姓参与和百姓共享的理念,通过政策设计,让市民直接参与城市的规划设计项目,包括街区的改造设计、道路修建的设计、城市标识的设计等与市民生活密切相关的项目。此外,还可以推出政府采购市民创意成果的相关政策,鼓励举办各类竞赛活动,由政府出资购买竞赛获奖项目。这样不仅能够征集到优秀的作品或方案,还能够发现优秀人才,政府也不用另外花钱购买其他的设计方案。更为有意义的是这些政策的出台,将为城市的创意化发展提供一个开放式的参与平台,城市中所有的人都能有机会实现创意梦想,体现自身价值,达到创意城市提升生活品质的根本目的。

五、品牌富集策略

在当前日趋白热化的竞争格局下,如何使自己的城市从"千城一面"的尴尬中脱颖而出,成为摆在城市建设者们面前的一道棘手难题。城市发展如何与城市营销完美结合?城市建设如何与城市品牌建设融为一体?如何把城市的比较优势淋漓尽致地展现出来?如何树立自己独一无二的城市品牌形象,吸引更多的投资者、旅游者与消费者?

城市品牌富集策略即"通过对城市具有微小优势的特色品牌进行关键过程的级数放大,产生更大级别的优势积累,从而使城市品牌形成更大影响力与辐射力"。富集效应必须经过突显,通过级数放大才能达到。从字面解释,突显就是突出显示,其实是一种生存及发展策略,即在同类中通过时间或者空间或其他方式将其展现出来,从而被认可并形成优势的过程。突显有两种表现形式,一种是"特色突显",一种是"速度突显"。优势的富集最具影响的便是品牌,品牌决定了消费者在购买商品时的购买心理。一旦一个品牌打响了,深入人心之后,它所带来的效应将是不可抵挡的,即"雪崩效应"和"领先效应"。在一个起点上超出去一步,后面就会有更大的效应、更多的机会到来,一步步,"雪崩"一样的效应就产生了,这就是优势富集效应。

如果说大连的城市之路是中国城市建设品牌的萌芽的话，那么昆明的园艺博览会则是更进一步演绎了"城市战"的表现形式，上海的"better city, better life"（城市，让生活更美好）则是把城市之间的竞争推向了高潮。新加坡前总理李光耀正是看到了欧美等国家在通向工业化发达国家的进程中解决城市问题的经验和教训，在新加坡建设的初期就开始引入"花园城市"的理论，并坚持不懈地予以实施，很好地处理了城市与自然相结合的问题，从而提高了新加坡的知名度，为其发展旅游业、广泛吸引外资、增加对外开放的实力创造了良好的条件。新加坡通过花园城市的建设向世人展示了其热带城市的风采，突显了独特的城市风格，为居住在那里的人们提供了一个健康的高质量的生活环境，塑造了独具特色的世界城市品牌。创意城市在新型城镇化的背景下，必须要加强城市自身品牌的打造与凝练，通过优势富集效应实现城市品牌的突显。

六、创意版权策略

版权是一个城市创造力的生命线。一个将版权创造、版权运营、版权保护和管理放在重要位置的城市，必然充满活力与生机。约翰·霍金斯认为"版权是创意经济的流通货币"。他指出，版权是一种货币，同时也是一种语言。对创意产业来说，它最主要的来源就是理念，可以说，了解版权或者拥有版权的人才有权利对自己创造出来的理念进行买卖。现在欧洲的无形资产已占到总产值的45%，包括很多内容，如文学、设计产业、科学技术知识等。

我们应当如何管理版权？霍金斯认为，组织管理版权应当遵循三个原则（想象力、自由和市场）。他表示，想象力的重要性是显而易见的。50年前，只是少部分人在管理版权。但是当我们进入21世纪，版权的状况发生了变化。在20世纪，艺术家往往自己独立写作、绘画，而21世纪的艺术家之间是互相合作的，一个人很难独立完成一部作品，尤其是电影和电视产业。每个人都需要和其他人合作，而合作需要资金、资源、设备等一系列辅助条件，任何创意的诞生都是一个非常复杂的过程。因此可以看出，版权的保护也不是单靠一个人就可以完成的。随着市场竞争日益激烈，真正的竞争已成为版权和版权间的竞争、商标和商标间的竞争、专利和专利间的竞争、品牌和品牌间的竞争，归根结底都是知识产权的竞争。2009年诞生了世界上第一部知识产权法，起因是伦敦的作家和印刷商之间发生争执,当时议会介入,起草了著作权法,才制止了这场争执。保护知识产权要有规范的机制,对知识产权来说,它在社会中发挥的作用往往就是对版权的约束,让公众了解版权保护的重要性和难度。在伦敦,知识产权办公室甚至比英格兰银行、英国央行还要重要。对艺术家或创意产业从业者而言,知识产权的规则比利率的变化还要重要。因此,未来中国要想在世界版权业领先,必须加大版权保护的力度,加大产业投入,同时要创造宽松的环境,让创造力、想象力形成一种权威的社会性力量。

七、人才尊重策略

理查德·佛罗里达用六项指标来测量城市的创新性,包括高科技指标、发明指标、波希米亚指标、人才指标等。他运用多变量回归分析方法,对人口百万以上的美国大城市按照创造性大小进行排名。旧金山、奥斯汀、波士顿位居创造性城市的前三名,纽约、洛杉矶、芝加哥分别在第10、13和16位。值得特别注意的是,这些创意城市集中了一批著名的大学。例如,波士顿拥有哈佛大学和麻省理工学院;纽约拥有哥伦比亚大学和纽约大学;芝加哥拥有芝加哥大学和伊利诺伊大学;洛杉矶拥有加州大学洛杉矶分校和南加州大学等。大学成为城市具有人才、创意产业以及包容氛围的重要源泉。创意产业的发展和创意城市的形成,都离不开创意人才的努力,创意人才的多寡是创意产业乃至创意城市发展程度的决定性因素之一,国际一流创意城市无不集聚了大量创意人才。

当代社会,知识和创意或者人力资本或人才正在替代传统的自然资源和有形劳动,成为财富创造和经济增长的主要源泉。在创意经济时代,一个城市的竞争优势来自能够迅速地动员这些人才资源把创意转化成新商业商品。因此,一个城市的优势在于能够吸引人才。创意才能的培养需要多种素质的凝练,既要有强烈的创新意识、较高的技术素质,也要具备深厚的文化底蕴,T型的知识结构和百折不挠的意志。这种特殊才能仅仅依靠学校教育是远远达不到的,需要头脑知识与实际需求的不断碰撞以及实践经验的不断累积。调查中,认为创意才能主要来自学校教育的仅占13.3%,选择在职培训的仅有12.25%,而74.5%的人员认为创意才能主要来自工作中的自我学习和不断积累。

当前中国人才结构性短缺问题更为突出。一是缺少高端原创人才。被调查的管理者认为本单位的创意人员中只有 22% 的比例算得上是创新型的，多数人才（78%）属于复制型或模仿型。这种人才结构导致原创产品很少，企业核心竞争力不足。二是缺少管理人才。与传统产业相比，创意产业具有创新性、高增值性和高风险性等特点，其产业组织形式既有分散的个别劳动，又有简单协作的集体劳动和集中的社会劳动。创意人员具有较强的工作独立性，创意工作过程难以监督。这些特点对传统管理理念和管理方式提出了严峻挑战。三是缺少经营人才。将创意产业化，需要能将创意内容产业化和市场化的经营人才。实践证明，创意人才往往不具备市场经营才能。被调查者普遍认为，如今，北京市严重缺乏擅长将创意作品"产业化""市场化"的经营管理人才和领军人物。四是缺乏复合型人才。文化创意产业是文化经济技术的复合型产业，是文化知识与高新技术紧密结合的产业，要求从业人员具备 T 型知识结构，即不仅要有丰富的社科文化知识（T 型的顶部），还要具备较高的技术水平和操作能力（T 型的下部）。现实中，从业人员往往是懂内容知识的不懂技术，而懂技术的又缺乏内容知识。人才结构性短缺的问题已成为制约北京文化创意产业发展的重要因素。

第五章 城镇化与城乡融合

城镇化是经济和社会发展的客观趋势，是经济发展方式转变的重要依托，在当前大力推进经济结构转型的形势下，小城镇建设成为促进城乡统筹、推进工业化转移、拉动内需的突破口。本章主要讲述的是城镇化与城乡融合。

第一节 推进城乡规划布局一体化

加快推进城乡规划布局一体化是实现城乡发展一体化的重要基础和前提条件。长期以来，在城乡分治的二元体制下，依据《中华人民共和国城市规划法》和《村庄和集镇规划建设管理条例》，中国实行城乡分治的规划编制与管理模式。这表明中国长期实行的城乡二元规划体系已经完全打破，开始进入城乡规划一体化的新时代。在新的形势下，必须要打破城乡界限，树立城乡统筹发展的理念，把城市与乡村作为一个有机整体，开展全城规划合理布局，推进城乡规划编制和管理一体化。

一、城乡规划应体现城乡差别

城市与乡村是两种完全不同的空间单元，城与乡的差别不仅体现在聚落形态和产业发展上，而且体现在自然风貌、社会文化和生活方式上。城市应该有繁华、密集、多彩的城市现代化面貌，而乡村也应该有青山绿水的乡村田园风光。有学者提出，城乡规划应遵循规律，尊崇自然、尊重民愿，体现城与乡的差别，突出地方特色，规划出各具风貌的现代新城乡，推进城乡生产方式、消费方式、公共产品、景观文化、空间布局的差别化发展。江苏省苏州市在推进城乡一体化的进程中，较早就提出要使"城市更像城市、农村更像农村"。所谓"城市更像城市"，是指一些县城和中心镇应按照中小城市标准进行规划建设；所谓"农村更像农村",是指从事农业生产的农村,应当保持优美的田园风光和传统农耕文化。这一做法体现了一体化格局中的城乡差别发展思想。

二、建立城乡一体的规划体系

城乡发展一体化涉及方方面面,需要从全局高度编制实施城乡一体化建设规划,对城乡经济社会发展、基础设施建设、公共服务配置、生态环境治理等进行统筹安排和部署。要按照城乡发展一体化的理念,把广大农村纳入规划范围,尤其要加强乡镇和村庄规划编制。要统筹整合城乡总体规划、经济社会发展规划、土地利用总体规划、环境保护规划和产业发展规划,建立完善统筹协调机制,构筑城乡一体的规划体系。各地在规划体系建设方面进行了大胆探索,积累了丰富又宝贵的经验。譬如,上海市开展了城市总体规划和土地利用总体规划"两规整合";苏州市开展了产业规划、城镇规划、土地利用规划和环境保护规划"四规叠合";重庆则在市级开展城乡总体规划、经济社会发展规划、土地利用总体规划和环境保护规划"四规协调",在区县级开展"四规叠合"探索。

三、完善城乡一体的规划管理体系

为改善过去城乡规划管理分割、建设分治、重城轻乡的状况,要加快推进城乡规划编制、实施、监督管理体制改革,理顺各层次规划管理关系,建立完善的城乡一体的规划管理体系。一是推进城乡规划编制体制改革。将城乡规划编制统一纳入政府采购范围,通过招投标确定规划编制单位。借鉴国内外先进的规划理念、技术和方法,建立完善的专家咨询制度和公众参与制度,积极听取专家意见,采取多种形式让公众参与到规划的全过程,切实提高规划的科学性,减少随意性。二是强化城乡规划的实施和监督管理。要完善城乡规划的实施和动态调整机制,加强规划实施效果评估和修编工作,建立城乡规划督察专员制度,完善城乡规划监督管理体系,加大违规处罚和责任追究力度。三是建立健全城乡规划管理机构。按照"覆盖城乡、集中统一"要求,对城乡规划实行集中统一管理;进一步完善县级和乡镇级规划管理机构,加大资金投入和人员配备,逐步将规划行政职能延伸到乡镇,建立覆盖全域的城乡规划管理工作网络。此外,还应加强各部门之间的职责分工,在政府内部形成权力制衡机制。

四、统筹规划和优化全域空间布局

统筹城乡发展必须实行全域规划,对包括城市和乡村在内的全部空间进行统一规划布局,不断优化空间结构。明确国家层面优化开发、重点开发、限制开发、禁止开发四类主体功能区的功能定位、发展目标、发展方向和开发原则。目前,各省区市主体功能区规划已陆续上报国家发展改革委。对此,各地在推进城乡发展一体化的过程中,一定要按照国家和省级主体功能区规划的要求。进一步完善和细化主体功能区区划,明确各功能区的定位、目标和发展方向,制定差别化的发展导则、空间管控策略和考核指标体系,推动形成科学合理、规范有序的城乡空间格局。在城乡总体规划编制中,要科学确定生产空间、生活空间和生态空间的合理比例,划定各类生态红线,确保生态环境和粮食安全。

第二节 推进城乡基础设施一体化

随着城乡统筹工作的推进,中国城乡基础设施一体化进程不断加快,农村基础设施水平迅速提升。然而,由于发展基础薄弱、财政投入不足、融资渠道单一,加上城乡二元体制分割,目前农村基础设施仍相当落后,广大村镇在交通、信息、供水、供热、供气、垃圾和污水处理等各个方面与城市差距明显,严重制约了城乡发展一体化进程。必须统筹规划,加大农村基础设施建设力度,积极推进城镇基础设施向农村延伸、辐射和覆盖,建立完善城乡一体的基础设施网络,促进城乡基础设施一体化进程。

一、加快城镇基础设施向农村延伸

加快推进城乡基础设施一体化,重点和难点都在农村地区。加快农村基础设施建设,是推进城乡基础设施一体化的关键环节。在统筹城乡发展的过程中,一定要把新型城镇化与新农村建设有机结合起来,按照城乡基础设施联网对接、共建共享的思路,加快推进城镇交通、信息、供电、供排水、供气、供热、环卫、消防等基础设施向农村延伸、覆盖，加强市、镇、村之间道路和市政公用基础设施无缝对接，逐步形成城乡一体的基础设施网络。

在交通方面，要按照"路、站、运一体化"的思路，大力加强农村公路和客运站点建设，分期分批逐步完善中心城区至县、县至乡镇、乡镇至建制村三级客运网，实行统一站点、统一排班、统一票价、统一车辆标识、统一结算的措施，构建通乡达村、干线相通的公路网络和完善便捷、城乡一体的客运网络；与此同时，不断提高城市公交的覆盖面，优化线路和站点布局，逐步将公交延伸到郊区和周边乡镇、村庄，促进城乡公交一体化。目前，沿海一些有条件的地区如江苏省苏州市、山东省莱芜市等，已经实现了村村通公交。

在信息方面，重点是推进城乡邮政、通信和信息服务设施一体化。要调整优化农村邮政网点布局，促进乡镇邮政普服网点全覆盖，按照"统一标准、统一标识、统一设施"的原则稳步推进"村邮站"建设，加快城乡邮政一体化步伐，构建覆盖城乡、惠及全民、水平适度、可持续发展的邮政普遍服务公共体系；要将电信基础设施纳入城乡建设规划，加快电信管网、基站等设施建设，推动光纤通信、无线通信网络向农村延伸，实现城乡全覆盖，提高通信质量和水平；加快农村信息服务设施建设，完善乡镇、村网站和信息服务中心。推动城市各种信息资源和信息服务向农村延伸，构建城乡一体的信息服务体系。

在市政公用设施方面，要重点推进城乡供电、供水、供气、供热、环卫等一体化。在供电方面，要统筹城乡电网规划，加快农村电网改造升级，积极推进农网标准化建设，不断提高农网供电能力和供电质量，实现城乡供电一体化和无差别服务。在供水方面，按照"统一调配、统一供给、统一核算、统一核价、统筹盈亏"的思路，以中心城市和县城为基准，加快乡镇供水管网建设。实现城乡"联网、联供、联营、联管"，推动形成城乡供水"同源、同网、同质、同价"的一体化格局。在有条件的地区，还应积极推进城乡供气、供热等一体化。此外，还应当按照一体化的理念，推动城市环卫、消防等基础设施和公共服务向农村延伸。

二、建立多元化的基础设施投融资机制

长期以来，中国在基础设施建设方面，实行"以农保工""重城轻乡"的城市偏向投资政策，由此造成农村基础设施普遍落后，基础设施建设投入严重不

足。随着新农村建设的加快推进，各级政府的财政补助有较大幅度的增长，但是投资不足、融资渠道单一的局面依然没有得到根本改变。根据浙江的调查，农村基础设施投资中村集体资金和财政补助资金占很大比重，村民出资和集资所占的比重较低，平均在5%以下，金融资本、民间资本的投资微乎其微。尤其是村级集体收入的3/4以上投向了基础设施建设。因此，投融资渠道单一且不稳定，这是造成农村基础设施落后的根本原因。

对此，在继续发挥农村集体组织和个人积极性的基础之上，必须要进一步加大各级政府财政资金投入，积极引导社会资本进入，逐步建立"政府引导、市场运作、多元投资、共同开发"的多元化城乡基础设施投融资机制。首先，要坚持"谁投资，谁受益"的原则，充分发挥农村集体和农民个人投资基础设施的积极性；其次，加大各级财政资金对农村基础设施建设尤其是建制镇和村庄市政公用设施建设的投入。县城和中心镇的市政公用设施，应按照小城市的标准进行规划建设。对于完全公共产品性质的基础设施，应由政府财政全额直接投入。对于准公共产品性质的基础设施，要充分发挥政策资源和财政杠杆的优势，采取BOT、TOT、PFI、ABS、PPP等项目融资方式，引导国内外民间资本积极参与。此外，要明确各级政府之间的职责分工，即使是由县、乡负责的基础设施，也应加大中央、省、市政府的补助力度。譬如在农村公路养护方面，苏州市按照"县乡自筹、省市补助、多元筹资"的原则，落实了资金支出的渠道和增长机制。

第三节 推进城乡产业发展一体化

由于体制分割和制度障碍，当前中国城乡产业发展还存在着诸多问题，如城乡互动不足、要素流动不充分、市场联系不通畅、一体化程度较低等，严重影响了城乡发展一体化进程。产业是城乡发展的重要支撑之一，如果缺乏产业支撑，无论城市还是农村都会出现"空心化"的局面。近年来出现的"鬼城"（空城）和"空心村"现象，就是缺乏产业支撑的结果。推进城乡产业发展一体化，就是要打破城乡分割的二元体制，把城市产业和农村产业作为一个整体统筹考虑，整合城乡各种资源，沟通城乡之间的产业联系，促进城市生产要素向农村流动，引导城市产业和企业向农村延伸，实现城乡产业互补互促、相互融合、共生共荣。

一、大力推进城乡产业融合互动

城乡产业一体化是城乡发展一体化的核心和关键。城乡互动的起点是产业互动，城乡互促的关键是产业互促，城乡融合的基础是产业融合。因此，深入推进城乡发展一体化，必须要坚持城乡融合互动的理念，促进城乡产业相互融合、互促共进。首先，强化城乡产业分工协作。城乡产业一体化不是城乡产业发展一样化。城市与乡村因资源和功能定位不同，其产业发展应该实现差异化，防止城乡产业同构和低水平重复建设，要充分发挥各自的优势，突出城乡特色，通过资源互补、要素互补，促进城乡产业互补互促、合理分工、协调发展。其次，推动城乡三大产业的融合。产业融合是当今世界产业发展的大趋势。要打破城乡界限和产业边界，推动农业、工业、服务业在城乡之间进行广泛渗透融合，促进城与乡、工与农之间双向产业延伸，实现城乡产业多层次、多领域的深度融合。最后，构筑城乡一体的产业链。要整合城乡资源，培育龙头企业，延伸产业链条，推动城市产业向农村延伸、城市服务向农村辐射以及农村产业向城市扩展，实现城乡产业全面对接，尤其是要鼓励龙头企业在农村建立稳定的良种培育、技术推广服务和原料生产基地，在城乡建立广覆盖、一体化的销售网络，逐步形成配套完善、分工合理、布局优化、特色鲜明、城乡一体的产业链体系。

二、推动城市生产要素向农村流动

目前，中国城乡发展严重不平衡，资金、技术、人才等生产要素高度集中在城市。要推动形成以城带乡、以工促农的良性发展格局，就必须充分发挥出城市的辐射带动作用，引导城市资金、技术、人才、管理、品牌等生产要素向农村流动，加快城乡产业、项目和生产要素对接，促进城乡资源互通共融、合理配置。一是鼓励城市资本、人才和企业下乡，参与农业和农村现代化建设，加快农业产业化进程。二是推动大中城市相关产业、机构和设施向郊区、工业园区和周边小城镇转移扩散,依靠园区和小城镇建设带动农村地区发展,增加农村就业机会,提升农村发展能力。三是促进城市科技、信息、金融、教育、文化、商贸、旅游等服务网络向农村覆盖,实现城乡服务业发展一体化。尤其是要统筹城市与乡村旅游产业发展,打破体制束缚与制度障碍,促进城乡旅游要素合理、有序、顺畅流动,推进城乡旅游资源开发、旅游公共服务、旅游宣传、旅游管理一体化,实现城乡旅游产业无缝衔接、共兴共荣、一体发展。四是通过引进城市资本、品牌、人才、营销和管理理念,加快农村服务业发展,推进各类公共服务平台建设,建立完善的专业行业性协会和社会中介服务体系。

三、促进城乡产业布局一体化

按照"宜工则工、宜农则农、宜商则商、宜游则游"的原则,因地制宜,科学规划城乡产业布局,促进产业向优势区域集中,不断优化空间布局结构。要走出传统的"农村工业化"误区,以开发区、工业园区为载体,积极引导工业向园区集中,促进工业园区化和集聚发展。工业园区化是当今世界工业发展的共同趋势,也是改革开放以来各地实践探索的经验总结。工业进园和集聚发展,不仅可以节约利用土地、能源和其他资源,共享基础设施和公共配套服务,而且有利于污染的集中治理,充分发挥集聚的经济效应。按照全国和各省区主体功能区规划,各地区承担的主体功能不尽相同。有的属于优化和重点开发区域,有的则属于限制和禁止开发区域。对于一些重要的生态功能区,其主体功能是保护生态环境,属于限制和禁止开发区域的范畴。为协调开发与保护之间的关系,可以采取"飞地经济"的模式,在有条件的地方共同建设工业园区,鼓励生态功能区招商引资来的企业向这些园区集中,实行产值等经济指标分割和税收分成。在新形势下,产业园区发展还应与城镇建设有机结合起来,通过以产兴城、以城促产、产城互动,实现产城融合、共生共荣。产城融合是一种现代发展理念,其核心内涵是功能复合、配套完善和空间融合。如果城市没有产业支撑,即使再漂亮,也只是"空城";如果产业没有城市作为依托,即使再高端,也只能"空转"。此外,在广大农村地区,要按照"一镇一业、一村一品"的思路,加快推进专业镇和专业村建设,大力发展镇域经济和村域经济,不断提高农业产业化和现代化水平。

第四节 推进城乡公共服务一体化

城乡公共服务一体化是统筹城乡发展的内在要求,也是促进城乡协调发展的重要保障。现阶段,推进城乡公共服务一体化,重点是加快农村公共服务体系建设,推动城市公共服务向农村延伸,实现城乡基本公共服务的同等化,逐步缩小城乡公共服务水平差距。

一、中国城乡公共服务差距状况

随着新农村建设的快速推进,各级财政加大了公共服务投入并向农村倾斜,农村公共服务能力和水平明显提高。然而,由于原有基础较差,与城市相比,目前农村文化教育、医疗卫生、社会保障等公共服务仍相当落后,城乡公共服务差距依然较大。即使农村居民在城镇就业和居住,由于户籍的限制也难以享受同等的市民待遇,要实现城乡基本公共服务均等化目标,仍需要进行长期不懈的艰苦努力。

在义务教育方面,虽然近年来农村中小学生人均公共财政预算教育经费支出增长较快,但在办学条件、师资队伍、教学质量等方面,依旧与城市存在明显差距。

在医疗卫生方面,目前中国医疗卫生资源的80%左右集中在城市,尤其是先进医疗卫生技术、设备和优秀人才高度集中在城市大医院,而农村医疗卫生设施落后,医疗技术人才缺乏,且普遍存在年龄老化、专业水平低的情况。

在社会保障方面,各种社会保险统筹层次不高,医疗、失业、工伤和生育保险仍为地市级统筹,城镇职工基本养老保险、新农保和城镇居民养老保险的省级统筹以及基础养老金的全国统筹均没有全面实现。城乡居民社会保障不仅覆盖面较低,而且城乡差距较大,城乡接轨和跨区域转移接续还存在一定困难。以最低生活保障为例,虽然近年来农村低保平均标准和平均支出水平增长较快,城乡差距有所缩小,但仍维持在较低水平。

二、构建城乡一体的公共服务体系

推进城乡基本公共服务均等化,是构建城乡一体化公共服务体系的核心。基本公共服务是指"建立在一定社会共识基础上,完全是由政府主导提供的,与经济社会发展水平和阶段相适应,旨在保障全体公民生存和发展基本需求的公共服务"。其范围主要包括保障基本民生需求的教育、就业、社会保障,以及医疗卫生、计划生育、住房保障、文化体育等领域的公共服务。基本公共服务均等化则是指全体公民都能公平地获得大致均等的基本公共服务,其核心是机会均等。这里所指的均等化,主要包括城乡之间、地区之间和居民之间三个方面,其中,城乡基本公共服务均等化是最为核心的内容。

从中国的实际出发,要实现高水平、可持续的基本公共服务均等化目标,大体可以分三步走:第一步是到2015年基本实现城镇基本公共服务均等化,把城镇常住的农业转移人口覆盖在内;第二步是到2020年基本实现城乡基本公共服务均等化,把农村人口全部覆盖在内;第三步是到2030年在全国范围内实现高水平、可持续的基本公共服务均等化目标。

公共服务的非排他性和非竞争性特征,决定了政府是其主要提供者。享有基本公共服务属于公民的权利,提供基本公共服务是政府的职责。因此,以城乡基本公共服务均等化为核心构建城乡一体的公共服务体系,首先政府要加大投入力度。各级政府不仅要加大公共服务的财政投入,而且财政资源应该向农村倾斜。要充分发挥出财政资金的导向和杠杆作用,积极引导民间资本参与城乡公共服务建设。其次,改变过去以GDP作为主要评价指标的做法,尽快将公共服务体系建设全面纳入政府考核指标体系。要建立综合评价指标体系,加强对各地基本公共服务水平和进程的监测评价,并根据评价结果提出改进措施。再次,推进城市公共设施和公共服务向农村延伸,促进城乡公共服务接轨和一体化。尤其是要加快推进城市文化、体育、教育、医疗卫生、环卫等公共服务向农村延伸和覆盖,推动城乡社会保障政策和制度全面接轨。最后,整合城乡公共服务资源。根据城乡人口的变动趋势,有效整合城乡资源,调整优化设施布局,将分散的单一服务整合为集中的综合服务,实现公共服务供给的规模化,提升城乡公共服务供给效率和水平。

第五节　推进城乡环境保护一体化

城市环境与农村环境是一个有机联系的整体,二者不可分割。然而,长期以来,在城乡分治的二元体制下,中国环境保护工作存在着城乡分治的倾向,农村生态环境保护没有得到应有的重视,以至于农村环卫设施普遍落后,垃圾和污染问题日益严重,村容村貌脏、乱、差现象突出。因此,在生态环境保护中,必须把农村生态环境保护摆在同等重要的位置上,对城市与农村生态环境保护进行统一规划、建设和管理,全面改善和提高城乡生态环境质量,推动形成城乡一体化的生态环境保护新格局。

一、构建城乡一体的生态网络

随着城镇化的快速推进,城镇空间不断向四周蔓延,周围的村庄、湿地和农田面积逐渐减少,工厂、住宅、道路、广场等人工建筑面积不断扩大,甚至形成钢筋水泥丛林,造成城镇湿地面积锐减,生物多样性持续减少。特别是由于人工过度干预,城镇湿地往往被分割成面积狭小、孤岛式的斑块,湿地环境往往会遭受严重破坏。对此,必须坚持生态环境保护优先,以生态城市建设为导向,整合城乡生态资源。以生态廊道为纽带,以森林生态网络、湿地生态网络、农田生态网络和建筑生态网络建设为主体,构建自然、稳定、优美的生态景观网络。维护生物的多样性,逐步形成一个景观优美、生态优良、内涵丰富、功能完善、宜居宜业、效益持久的城乡一体化生态网络体系。要以生态功能区划和主体功能区划为指导,划定生态红线,统筹安排自然保护区、天然林保护区、风景名胜区、森林公园、地质遗迹保护区、饮用水源保护区、洪水调蓄区、重要水源涵养区、重要湿地等重要生态功能保护区,共同构建城乡一体化的生态安全格局。只有这样才能"让城市融入大自然,让居民望得见山、看得见水、记得住乡愁"。此外,还应借鉴广东增城等地的经验,规划建设覆盖城乡、多功能、多类型的绿化体系,为城乡居民提供绿色健康、安全便捷的生活和休闲空间。

二、推进城乡环境卫生一体化

针对当前农村环卫设施严重落后的状况，按照城乡一体化的理念，加快城市环卫设施向农村拓展，加快政府环保职能向农村延伸，加快环境监测监管队伍向农村覆盖，全面推进城乡环境卫生一体化。一是推进城乡污水处理一体化。按照"宜建则建、宜输则输，城乡统筹、分区处理"的原则，加快农村污水处理厂、处理站和配套管网建设，逐步推进雨污分流改造，构建城乡一体的污水处理系统，对工业废水和生活污水实施统一集中处理。县城和建制镇应规划建设污水处理厂，农村中心社区应规划建设小型污水处理站，统一处理生活污水。二是推进城乡垃圾处理一体化。重点是加强农村垃圾处理设施建设，按照市区、县城、镇区、村庄的次序，分步推进垃圾分类收集，建立完善住户分类、村收集、乡镇转运、县市区处理的垃圾处理体系。在有条件的城市，要借鉴杭州的经验推广垃圾直运，逐步关闭城区垃圾中转站，避免二次污染。各级政府要对垃圾处理工作成绩突出的单位给予奖励，对违规单位给予处罚。三是推进城乡环境监管一体化。要整合环保、农业、林业、水利、卫生、国土、气象等部门的生态环境监测资源，加强城乡环境监管队伍建设，完善乡镇级环境监察机构，建立村级环保监管员制度，构建覆盖城乡的一体化环境保护监管体系。四是推进城乡环保政策一体化。要对城乡环境保护进行统筹规划，实行城乡环境保护并重的政策，彻底改变环境保护重城轻乡、城乡分治的状况，推动形成城乡环境同治、同建、同享的新格局。

三、加强农村环境的综合治理

农村既是当前环境保护的薄弱环节，也是统筹城乡环境保护工作的重点。要结合近年来的新农村建设经验，加大农村环境保护经费投入，大力开展农村环境综合治理，以治脏、治乱、治河、治林、治水、治路为重点，加快推进农村"五改"（改水、改厕、改厨、改圈、改房）、"四清"（清洁家园、清洁水源、清洁田园、清洁能源）、"五化"（道路硬化、路灯亮化、卫生洁化、环境美化、村庄绿化）工程建设，全面改善乡村环境面貌，提高乡村生态环境质量。同时，要加大农村水源污染防治力度，严格控制化学肥料、农药、农膜的施用，大力发展生态农业和有机农业,推行规模化养殖和养殖场畜禽粪便综合利用,切实提高农村污染防治能力和水平。此外,要加强农村环境保护的监管,加大对各地落实环境保护情况的督查,并采取相应有效措施防止城镇污染企业和项目及有害有毒物质向农村转移扩散。

第六节　推进城乡社会治理一体化

中共十八届三中全会把"创新社会治理体制"作为全面深化改革的重大任务之一,并明确提出要"发挥政府主导作用,鼓励和支持社会各方面参与,实现政府治理和社会自我调节、居民自治良性互动"。从社会管理走向社会治理,这是一次重大的观念变革。当前,城乡分治依然是社会治理和创新面临的主要困难。现有的二元社会结构导致社会治理城乡断裂,不仅阻碍了社会和谐稳定,而且造成了城市"空心化",影响了城镇化质量。因此,深入推进城乡发展一体化,必须从根本上打破城乡分治,消除二元管理体制对城乡社会融合的阻碍,统筹城市与农村社会治理,改进社会治理方式,完善社会治理和服务体系;加快推进城乡社会融合,及时化解各种社会矛盾和不和谐因素,推动形成城乡一体化的社会治理新格局。

一、推进城乡人口管理一体化

长期以来,中国人口管理实行"城乡分治""人口分管"的体制。所谓"城乡分治",是指街乡行政组织和乡村自治组织以户籍属性为界,分别管理和服务城镇户籍人口(非农业人口)和农村户籍人口(农业人口);所谓"人口分管",是指在居住地层面,以户籍属地划线,对非本地户籍的流动人口实行单独管理。从中央到地方,各级政府均设有专门的流动人口服务管理机构。这种"城乡分治""人口分管"的体制,已经不适应经济社会实际发展的需要,严重阻碍了城镇化和城乡发展一体化进程。对此,相关部门必须加快户籍制度和人口管理体制改革,建立城乡统一的户籍登记管理制度和实际居住人口登记制度,实现居住地实有人口的一体化管理。目前,全国大部分省份已经取消了农业户口和非农业户口划分，实行统一的居民户口。在此基础上，还必须建立完善覆盖全国人口的国家人口基础信息库，为跨地区人口流动服务和管理提供支撑。在新形势下，流动人口管理应坚持"以人为本"，要将城际和城乡流动人口全部纳入管理服务范围，切实维护和落实他们的各项合法权益。同时，要依托社区管理服务平台，建立完善城乡一体的流动人口服务管理信息系统，全面加强流动人口管理和服务，以引导人口合理有序流动。

二、推进城乡社区管理一体化

城乡社区作为一个基层自治组织，是基层社会治理的重要载体，是大多数居民生活的基本依托，是基层社会管理服务的综合平台，也是政府与居民沟通的桥梁和纽带。在社会治理中，城乡社区发挥着基础作用。长期以来，受政策的影响，中国城市社区建设成效较为显著，而农村社区建设略为滞后。当前，农村社区普遍存在经费投入不足、公共设施落后、专业人员缺乏、管理体制不完备等问题。在促进城乡发展一体化中，必须摒弃"重城轻乡"的思想，着力统筹城乡社区发展，建立城乡一体的社区管理服务体制，加快城乡社区管理一体化进程。

现阶段，重点是加强农村新型社区建设，促进农村社区化管理。在推进农村社区建设中，要尊重农民意愿，不能强迫农民上楼、搞大拆大建。正如中央城镇化工作会议所指出的，要"注意保留村庄原始风貌，慎砍树、不填湖、少拆房。尽可能在原有村庄形态上改善居民生活条件"。有条件的地区，要按照地域相近、规模适度、有利于整合公共资源的原则，因地制宜，积极稳妥推进"撤村建居"，分类分批建立农村新型社区，稳步推进镇、村体制向街道、社区体制转变。要借鉴城市社区的管理模式和服务理念，加强农村社区规划建设，加大公共服务设施投入力度，建立完善社区服务中心和"一站式"服务大厅，不断增强社区服务功能，逐步把社区服务延伸到自然村落，切实提高农村社区综合服务能力和水平。全面推行城乡社区网络化服务管理，推动社会管理权力下放、资金下拨、人员下沉、服务下移，实现"定人、定位、定责、定时"的精细化管理。

三、充分发挥城乡社会组织的作用

与社会管理强调自上而下的单向垂直管理不同,社会治理更加注重公众参与、社会组织的作用、公民与政府间互动以及多元化主体的共同管理。社会组织由不同群体组成,具有非营利性、非政府性、自治性和公益性的特点,它们在承接公共服务、推进公共治理、反映公众诉求、维护群体利益、化解社会矛盾、推动公众参与、提供公益服务、引领行业自律等方面发挥着重要作用。因此,要创新社会治理,关键是激发社会组织的活力,促进公民与政府之间的良性互动。首先,要鼓励城市社会组织将服务网络延伸到农村,支持建立城乡一体、形式多样的各种社会组织,如行业协会、科技服务、公益慈善、社区服务、环境治理等社会组织,不断增强社会组织的活力和服务能力。其次,要鼓励和支持社会组织、广大民众积极参与和共同管理社会公共事务。此外,还应加强社会工作者队伍建设,必须尽快建立一支符合新时期社会治理需要的年轻化、知识化、职业化的高素质社会工作者队伍。

第六章 城镇化与城乡融合多元模式

第一节 大城市带动大农村的成渝模式

在城乡二元体制下,城市无论在经济还是社会发展方面都领先于农村。对一些城市尤其是大城市来说,其经济总量甚至超过一些省(区),这些城市有能力依靠自身经济实力带动广大农村地区实现城乡经济社会发展一体化。成都和重庆都是城区人口超过400万人的特大城市,属于典型的大城市、大农村格局。

一、成渝模式的特点和主要做法

作为全国统筹城乡综合配套改革试验区,成都和重庆推进城乡发展一体化,重点是破除城乡二元体制,建立城乡发展一体化体制机制,优化城乡生产要素配置,根据城乡资源差异性和产业链上下游特质性,在全城范围优化产业功能分工,深化城乡产业合作,为城乡居民尤其是农村居民,提供基本养老保险以及均等化的医疗卫生、义务教育等公共服务,完善生产和生活所必备的配套基础设施。为让经济社会发展的福利真正惠及城乡居民,两地采取了以下具体做法:

1. 破除城乡二元体制,建立城乡发展一体化体制机制

在建立城乡发展一体化体制机制方面,一是实行县改区的行政区划调整和改革。彻底破除二元结构下城市与农村分别发展、分割管理的体制机制,实行城乡发展统一规划、城乡财政全域统筹。二是打破城乡二元的社会事业管理体制机制,实行城乡居民统一户籍登记和流动管理制度,建立健全城乡社会

事业一体化机制,从制度上保障城乡社会事业一体化发展。三是打破城乡二元的资源配置体制机制,建立城乡一体化的生产要素市场,推动城乡生产要素优化配置。

2. 建立"地票"交易制度,促进土地要素公平交易、合理配置

土地是产业和城镇发展最主要的要素之一。因此,在工业化和城镇化过程中,土地交易和配置问题便成为影响城乡发展一体化的关键。建立土地交易市场化机制,通过市场形成反映土地资源稀缺程度的土地价格,不仅可以促进土地要素合理流动与配置,而且还可以有效保护土地交易双方特别是农村土地所有者权益,避免城乡二元体制下征地制度对农民和农村利益的侵害。成都和重庆两市通过建立土地交易所,以"地票"为主要形式实现城乡土地要素流动和优化配置,带动资本、技术等其他要素流动与优化配置。所谓"地票"是指在明确土地产权的基础上,通过对农村村庄重新规划和建设,节约集约使用农村集体建设用地,将节约出来的集体建设用地指标,以"地票"的形式拿到市级土地交易所,通过"招拍挂"实现流转。"地票"交易形式,不仅可以实现建设用地指标在空间上的重新配置,解决了工业化和城镇化所需要的土地,更重要的是形成了土地的市场价格,较好地维护了村庄和农民的权益,而且还在一定程度上让参与交易的村庄和农民获得了实现城镇化所需要的资本积累。如重庆自实行"地票"交易以来,已累计成交地票8560公顷,成交金额达261.05亿元。其中农民和集体获得213亿元;地票价格也从最初的8万元/亩提高到20万元/亩左右。

"地票"改革成功的关键,一是激活了城乡土地市场,明确了交易和受益主体;二是国家实行建设用地增减挂钩试点和耕地占补平衡政策,促进了土地利用结构优化。但是,随着国家对增减挂钩、占补平衡政策的变化,尤其是暂停执行异地占补平衡政策,土地跨区域流转被迫暂停,"地票"形式推动土地要素流动和配置的作用受到一定程度上的限制。

3. 实行"两换"改革,解决农民进城后住有所居、老有所养问题

农村人口城镇化是经济社会发展的必然趋势。成渝两地一方面开放"城门",允许农村人口进城从事工商活动;另一方面还针对农村居民和家庭缺少进城所需初始资本、缺少社会保障、进城购房成本过高、现阶段政府不具备承担所有进城农民社会保障的能力等实际情况,实行了以农村宅基地置换城镇

住房、以承包地换社会保障的"两换"改革。例如，重庆市对凡拥有稳定非农收入来源，又自愿退出宅基地使用权和土地承包经营权的农户，可以申报为城镇居民户口，并在子女入学、就业扶持、养老保险、医疗保险、生活保障等方面享有城镇居民同等待遇。

农村居民宅基地置换城镇住房、承包地换社会保障的改革，不仅可以解决城镇化过程中农民住有所居问题，使农民有能力承担一部分养老保障费用，而且也可以减轻政府在养老保障建设上的即期压力和负担。实际上，不管是以宅基地换住房还是以承包地换养老保障，都是城乡要素的一种交换和重新配置。

4. 实行"大财政"体制，支持农村公共服务和社会事业发展

首先是改革区县财政体制，实行财政支出全市域统筹，财政市域统筹可以使经济社会发展相对落后的区县得到市级财政的更多支持，有利于增强小区县之间因财政实力不同出现的发展差距。其次是实施"大蛋糕与大比例"战略。建立新型城乡分配关系，即在做大地区经济这块蛋糕的同时，经济发展成果的分配大幅度向农村倾斜，尤其是向农村社会事业发展倾斜。成都市在公共财政支出方面实行两大倾斜，即向相对落后的郊区县倾斜、向民生和公共服务领域倾斜。

5. 实行"三个集中"，促进工业化、城镇化和农业现代化协调发展

如何推动工业化、城镇化和农业现代化协调发展，不仅是中国经济社会转轨需要解决的重要课题，也是摆在大城市带动大农村的成渝城乡发展一体化面前的一道难题。为化解这道难题，成渝两市实行了工业向园区集中、人口向城镇和社区集中、耕地向现代生产经营主体集中的"三个集中"模式，以推动工业化、城镇化和农业现代化的协调发展。

工业向园区集中，可以使城乡产业联系更加顺畅，降低交易成本，释放产业规模效益、范围经济和溢出效应，有利于生产技术进步与竞争力提升，有利于降低基础设施建设投入成本，有利于工业化的推进。工业集聚将进一步带动第三产业发展，而第二产业、第三产业的蓬勃发展又为农民就业创造了条件，促进农民向城镇转移、推动城镇化进程、农民向收入更高的非农部门转移，以及农村人口城镇化，推动了耕地流转和规模集中，促进了现代农业发展。

二、对成渝模式的简要评价

成渝城乡发展一体化模式的特点是大城市带动大农村,其能否实现的关键在于体制机制改革。在深化体制机制改革方面,成渝两市都做出了探索和突破,如以"地票"为主的土地交易形式创新,宅基地换住房、承包地换社会保障的创新。这两方面创新,对全国城乡发展一体化探索产生了深远影响和积极推动作用。但是,不可否认的是,城乡发展一体化面临着诸多体制机制障碍,"地票"形式在创新土地交易的同时,也受到政策改变带来的影响。因此,要顺利推进城乡发展一体化,必须毫不动摇地加快破除城乡二元结构的各项改革。

第二节 注重区域协调发展的杭州模式

中国不仅城乡之间发展差距较大,而且地区之间和城市内部发展也很不平衡,即使像杭州这样发展水平较高的沿海地区,其内部发展不平衡问题也较为突出。为了消除各区县(市)发展的不平衡,近年来杭州市采取了以区域协调发展为突破口来推进城乡发展一体化的方式。

一、杭州模式的特点和主要做法

杭州市下辖8个城区、3个县级市和2个县。8个市辖区中萧山区和余杭区是由原来的萧山和余杭通过县改区转变而来,包括东部萧山和余杭两区在内的杭州市市区,与杭州市西部临安、富阳、桐庐、建德和淳安五县(市),其经济发展水平存在较大差距,在政府政策的支持下,虽然近年来西部五县(市)经济发展速度加快,但目前东西差距依然较大。如果按常住人口计算,杭州市市区人均生产总值达到98697元,而西部五县(市)只有64200元,市区是西部五县(市)的1.54倍,其中萧山区是淳安县的2.25倍;如果按户籍人口计算,市区则是西部五县(市)的2.25倍,其中萧山区是淳安县的3.74倍。针对城乡之间、区域之间经济发展不平衡状况,杭州市在推进城乡发展一体化过程中主要采取了以下做法:

1. 改革创新保障城乡区域发展一体化

针对二元结构体制机制。杭州市进行了五方面改革与创新：一是建立城乡区域一体的规划建设体制机制，完善城乡区域一体化规划体系，为统筹推进城乡区域建设提供保障；二是实行功能分区，建立城乡区域产业发展一体化的体制机制，形成主导功能明确、产业特色鲜明、城乡区域联动的产业发展格局；三是建立城乡区域一体的生产要素配置体制机制，建立城乡区域一体的劳动力市场、土地流转市场、资本市场，推动生产要素在城乡区域之间的合理流动与高效配置；四是建立城乡区域一体的公共服务建设与供给体制机制，建立杭州市对西部五县（市）公共服务建设与供给的财政转移支付制度，加快推进城乡区域公共服务均等化进程；五是建立城乡区域一体的社会保障体制机制，在建立并完善农村社会保障体制机制的基础上，及时推动新型农村合作医疗保险与城镇居民医疗保险并轨，以及新型农村社会养老保险与城镇居民社会养老保险并轨，并将主城区农民工统一纳入城镇职工基本养老保险范围，实现城乡区域一体化。

2. 新型城镇化引领城乡区域发展一体化

推动"四化"同步发展是解决城乡区域发展不协调问题，实现以工促农、以城带乡、促进城乡发展一体化的必然选择和必经之路。为此，杭州跳出为城镇化而发展城市的思路，提出走大中小城市协调发展、城市与农村互促共进的新型网络化城市发展道路。以新型城镇化引领城乡区域发展一体化，即在城镇体系建设中按中心城市要求规划建设杭州市区，按中等城市要求规划建设县（市）城，按小城市要求规划建设中心镇，按社区要求规划建设中心村和特色村，形成中心城市—中等城市—小城市特色镇—中心村—特色村的网络化城镇体系，并通过不同规模城、镇、村之间的有机联系，实现市域范围内城乡区域资源优化配置，优化城乡区域产业和人口空间布局，使网络内不同城市和城镇发展，都具有资源、产业和人口支撑，增强不同城镇以工促农、以城带乡功能，使不同层级城镇具备与其职能相适应的城乡区域统筹发展能力，为全市城乡区域发展一体化奠定基础。

3. 东西互助促进城乡区域发展一体化

杭州市城乡发展一体化要缩小城乡发展差距，更要缩小区域发展差距。西部五县（市）虽然在杭州市属区县市中经济发展水平较低，但是在浙江省则属于经济发展水平较高的县市，因而难以得到省财政重点照顾。针对省财政直管县体制不利于西部五县（市）发展的现象，杭州市在城乡区域发展一体化过程中，创新财政和资金支持方式，除建立了市财政对五县（市）的财政支持体制外，还在财政支出引导下，积极推动以东带西、东西互助，市县联动发展；实施旅游西进，交通西进，基础设施西进；加强市区与县市产业对接和组合，提高产业聚集度；推进五县（市）城镇建设，加快五县（市）融入杭州大都市步伐，实现由郊区县（市）到城区的转变。东西互助有利于生产要素在区域之间的合理配置，有利于产业在区域之间合理调整与布局，因而对杭州城乡区域发展一体化起到了积极促进作用。

4. 政府主导推动城乡区域发展一体化

政府在推动城乡区域发展一体化中占据主导地位，一方面是因为政府有履行促进城乡经济社会协调发展的职责，另一方面是因为现阶段政府手中握有较多城乡区域发展一体化所需要的资源，以及政府可以在更高层面、更广泛的领域和空间发挥其他组织无法替代的作用。政府作用能否发挥，既取决于政府对城乡区域发展一体化的认识程度，还取决于政府的执行力度。

杭州市先后出台了一系列政策文件，成立了由杭州市主要领导亲自挂帅的城乡区域统筹发展工作委员会，以及各级城乡区域统筹发展工作推进领导小组，成立5个区县（市）协作组，建立并完善了城乡区域统筹发展的工作机制，建立了推进城乡区域统筹发展的资金支持体系。杭州市各级政府在推进工作中表现出来的自觉意识和行动，为减少城乡区域发展一体化的行政成本、提高城乡区域发展一体化工作效率提供了保障。

5. 社会协同参与城乡区域发展一体化

在城乡区域发展一体化过程中，能不能调动作为主体的广大城乡居民、企业和社会组织参与城乡区域发展一体化建设，形成政府与社会力量互补，对城乡区域发展一体化的顺利推进至关重要。对此，杭州市开展了社会协同参与的"联乡结村，互助发展"活动，即在城乡区域发展一体化过程中，推动市属有关部门、单位、企业和社会组织与西部五县（市）的经济欠发达的乡镇、村庄和企业发展。社会协同参与城乡区域发展一体化，起到了拾遗补阙的作用，而且一些帮扶项目针对性强、市场化运作率高，取得了双赢和多赢效果，在推动城乡区域发展一体化方面的作用显著。

二、对杭州模式的简要评价

杭州模式的成功之处在于,首先,把缩小城乡发展差距与缩小区域发展差距有机结合起来,通过缩小区域发展差距来推动城乡发展一体化。其次,构建网络化城镇体系。通过加强网络上各结点的城镇功能建设,让不同规模城镇在以城带乡、缩小城乡区域发展差距上发挥最大带动力。最后,根据杭州市社会力量较强的特点,建立了调动社会力量以不同方式参与城乡区域发展一体化的机制,以弥补政府力量的不足。

第三节 共享型融合发展的莱芜模式

莱芜市是一座以钢铁产业闻名的中等城市。全市土地总面积2246平方千米,总人口129.9万,下辖莱城区、钢城区、高新技术开发区和雪野旅游开发区,是山东省钢铁生产和深加工基地、能源基地、国家新材料产业基地、现代农业综合示范基地。莱芜市作为山东省统筹城乡发展改革试点城市,把统筹城乡发展作为加快转变经济发展方式的重要突破口,积极推进"六个一体化""三个集中""两股两建"和"五个融合",初步构建了城乡体制基本接轨、产业相互融合、社会协调发展、差距明显缩小的发展新格局,形成了具有莱芜特点和示范带动效应的共享型融合发展模式,在全国具有典型性。

一、莱芜模式的特点和主要做法

自2003年以来,莱芜市积极探索具有自身特点的城乡统筹发展实践,经历了以"镇村自主创业"和"农业产业化"为标志的城乡统筹初步探索时期、以"六个一体化、三个集中、两股两建"为标志的城乡统筹全面推进时期和以"保障民生,融合共享"为标志的城乡统筹深入推进时期,目前已经初步形成了以"共享型融合发展"为本质特征的城乡发展一体化模式。其主要特点和具体做法表现在以下五个方面:

1. 大力推进"六个一体化"

一是按照经济区域化、产业集群化、资源配置市场化、城乡产业融合化思路，对莱芜全城实行一体化规划，并注意各种规划之间的衔接性，发挥规划的引领作用；二是实行城乡产业一体化发展，优化产业布局，集中建设三大产业板块；三是实行城乡基础设施一体化建设，推动城市供水、供电、供气、通信等基础设施向农村延伸，完善农村公用基础设施配套建设，进一步缩小城乡基础设施差距；四是实行城乡公共服务一体化建设，推进城市公共服务资源向农村配置、公共服务向农村覆盖、城市文明向农村传播，解决农村公共服务资源短缺问题，优化城乡公共资源配置；五是实行城乡社会事业一体化发展，破除城乡壁垒，建立健全城乡一体的养老、医疗、住房、救助等十大民生保障体系，实现民生保障城乡居民全覆盖；六是实行城乡社会管理服务一体化建设，整合城乡社会管理资源，推动社会管理重心下移，将社会管理延伸到新型农村社区和重点村，着力打造农村社区化管理服务平台，为农村居民提供全方位社会服务。通过实施"六个一体化"，有效地推动了莱芜城乡融合发展。

2. 积极实施"三个集中"

针对产业集中度高、产业关联度高、居住集中度高和城镇人口比重大的特点，莱芜市在城乡发展一体化过程中，大力推进农业向规模经营集中、工业向园区集中、人口向新城镇新社区集中。通过实施"三个集中"，有效提高了莱芜城乡资源要素的配置效率，促进了城乡经济的集聚发展、集约发展。

第一，出台鼓励土地承包经营权流转政策，建立健全各级各类土地承包经营权流转服务机构，积极探索土地承包经营权流转形式，推动农业向规模化经营转变。出台"双奖"制度，由市财政对组织流转耕地的村集体、农户和企业，分别给予每亩一定额度的货币奖励。按照依法、自愿、有偿原则，积极推动"企业+村级组织+农户"的土地租赁合作模式、"企业+合作社+农户"的带地入社模式、企业带动下的"农户+农户"转包经营等多样化土地流转模式，稳步推进土地承包经营权流转，促进农业生产规模化经营。

第二，遵循"项目集中、发展集约、产业集群、污染可控、环境治理"原则，高起点规划建设高新技术产业示范区和工业园区，出台一系列鼓励工业企业向两区集中的政策。例如，为了有效解决工业布局分散，特别是针对部分地处偏远山区、水源保护区或生态脆弱地区的乡镇不适合发展工业的客观现实，莱芜市政府出台了一系列项目管理和利益分配政策,引导和鼓励这些乡镇突破行政区域界限,将招商引资项目异地安置在高新区、工业园区等集聚发展。

第三,取消按城乡划分的户籍登记管理制度,建立统一的居民登记和管理制度。积极探索根据居民有无承包地调整最低生活保障、抚恤优待、退伍军人安置等政策标准,逐步消除附加在户籍制度上的养老、医疗、计划生育等各种城乡差别。同时,大力推进新城镇、新社区建设和"城中村"改造,完善用地和拆迁补偿、就业安置等政策,促进人口集中居住。

3.深化"两股两建"改革

"两股两建"改革是指土地承包经营权股权化、农村集体资产股份化和建立新型农村合作经济组织、建立城乡建设用地流转制度的改革。

为促进农业规模化生产和加强现代农业建设,在保持耕地集体所有、家庭承包经营和耕地用途不变等基本政策的前提下,莱芜市选择农业产业化基础较好、农业能实行企业化管理或有外来企业投资开发的村,进行土地承包经营权股权化改革。第一步是对农村土地承包关系确权登记,并发放土地承包经营权证。第二步是把农民土地承包经营权量化为股权,如雪野旅游区黑山村,按0.7亩耕地折算为一股的标准,将全村405亩土地承包权折算为579股个人股,将115亩集体经济林地折算为164股集体股,成立了"黑山村土地股份专业合作社",与丰远集团合作进行开发经营。通过土地承包经营权股权化改革,不仅实现了土地承包经营权的价值量化,而且为农民以股权形式流转承包土地的经营权、获取承包土地的资本化收益提供了合法、合理标准,推动了土地承包经营权流转,维护了土地承包经营农户利益。

对集体资产或经营性资产进行股份制改造。一是先将集体资产划分为集体股和个人股,规定集体股不能超过总股份的30%,集体股收益主要用于养老、托幼、计生、优抚、抚恤等公益事业发展。二是按集体经济组织成员人数、个人"农龄"等因素将个人股分为人口股和"农龄股",前者体现公平,人人都有,后者按对集体资产贡献大小来分配,体现贡献率。然后按个人应得份额将股份分配到人,实行股随人走。股份化后集体股和个人股可以股份形式参股企业,也可以参股农村新型合作经济组织,股权可抵押、继承、出售、转让,但不得退股提现。集体资产股份化后,有利于资产所有者对资产使用进行监督,有利于集体资产保值增值,有利于维护集体资产所有者利益。

结合土地承包经营权股权化改革,莱芜市出台了各种激励政策,鼓励新型农业经营主体发展,促进农业生产经营方式转变,提高农民组织化程度和农业产业化水平;鼓励集体建设用地流转,建立城乡建设用地统筹合理安排、农村建设用地指标有偿使用机制,解决城市建设用地不足与农村集体建设用地存在不合理使用的矛盾。同时,积极探索农村土地承包经营权质押贷款、集体土地房屋抵押贷款、集体林权抵押贷款等多项农村产权贷款融资办法。

4. 推动"五个融合"

加强和推动多层次的城乡融合,构建新型城乡工农关系,是形成城乡发展一体化新格局的需要。莱芜的具体做法如下:一是推进产业融合,重点是提高产业布局的科学性,着力打造城乡产业融合聚集区,加大产业组织创新力度,鼓励不同所有制形式企业之间的重组和股份制改造,实现城乡产业深度融合;推动农业规模化、产业化和标准化建设,提高农业生产竞争力。二是加强市场融合,建立城乡统一的劳动力市场。对城乡劳动力就业和技能培训实行统一管理与服务,为城乡劳动力提供一体化的社会保障,建立城乡统一要素市场,以"两股两建"改革为突破口。推动集体建设用地有序流转,提高集体资产流动性,构建一体化的城乡商品市场体系,满足城乡居民日益增长的消费需求。三是实现居民融合,取消按城乡划分的居民身份登记和管理制度,实行城乡居民身份一元化登记和管理;通过城镇化推动城乡居民居住空间融合和住房保障融合,消除因城乡区别产生的各种不平等待遇。四是促进社会融合,积极推动社会保障体系融合。建立健全农村社会保障体系和社会保障网,不断提高保障水平,积极推动社会保障标准的城乡接轨,推动城乡社会服务融合,建立一体化服务组织,实行一站式服务。五是实施生态融合,加强生态建设投入,重点推进节能减排建设,鼓励发展循环经济,对城乡污染进行综合治理,加强城乡饮水安全建设,大力推动环境整治,建设美丽乡村。通过推进"五个融合",打破城乡分割的发展格局,实现了城乡资源共享、发展机会共享、发展公共服务共享和发展成果共享。

二、对莱芜模式的简要评价

莱芜模式的特点是以"两股两建"改革为突破口，以"六个一体化"和"三个集中"为路径，在全面推进产业融合、市场融合、居民融合、社会融合、生态融合的基础上，实现发展资源、发展机会、发展公共服务和发展成果的城乡共享。因此，莱芜模式的本质就是以"四个共享、五个融合"为特点的共享型融合发展。城乡融合是城乡共享的基础也是前提，没有城乡融合就不可能有城乡共享。从城乡分割走向城乡融合、从城乡分享走向城乡共享，实际上是城乡、工农利益关系的调整与优化。莱芜模式的成功之处就在于正确处理好了城乡工农关系。

第四节 "四化"协调发展的八里店模式

中国有3.33万个乡镇，其中建制镇1.97万个。这些小城镇不仅是中国城镇金字塔中数量最多的基础，也是架在大中小城市与农村之间的桥梁。它们在城镇体系和市场网络中意义重大，没有次中心、亚中心，主中心也就不复存在；没有农村、镇、小城市在整个市场网络中相互的联系，整个市场体系也就无法正常运转。正因为如此，以小城镇为中心的农村市场中心建设是促进农村地区发展的重要潜在力量。施坚雅也认为，处在基层市场社区中心的集镇一旦完成了向较高层次集镇的变革，成为整个都市网络圈中的基础城市，其对基层市场社区所覆盖的村庄的影响更强。此外，费孝通给我们描述了开弦弓村村民是如何与城市工业发生经济联系的，以及该村村民是如何接受现代工业影响的全过程。中外学者关于小城镇在工业化和引领农村经济社会发展方面的论述，揭示了小城镇在工业化、城镇化和农业现代化中的重要作用。浙江省湖州市吴兴区八里店镇（南片地区）推进城乡发展一体化的经验，对全国小城镇统筹城乡发展具有重要的借鉴意义。

一、八里店镇模式的特点和主要做法

八里店镇是浙江省湖州市吴兴区的一个镇。经过浙江省政府批准，该镇南片地区成为省级新农村综合改革试验区。八里店镇南片地区，南接申嘉湖高速，北临长湖申航线，西至318国道外环线南延，东连南浔区旧馆镇，总面积34平方千米，区内有6个行政村，101个自然村，农户4406户，人口16083人，耕地总面积18820亩，养殖水面面积4990亩，宅基地面积2303.7亩。该地区距湖州市中心城区5km，与东部新区隔河相望，是湖州离中心城市最近的农村区块之一。目前，八里店镇（南片地区）已建成标准农田1.1万亩，建立了现代农业示范园，形成了沿山木线条加工、紫金桥玉米种植、淡水鱼养殖等一批特色专业村，区内84%的农村劳动力已实现非农就业转移，在推进城乡发展一体化方面，八里店镇（南片地区）采取了以下措施：

1. 加快体制机制创新，为城乡发展一体化保驾护航

针对当前发展中存在的诸多问题，八里店镇（南片地区）结合土地利用总体规划修编时机，对镇域总体规划和村庄布局规划进行调整，科学编制、认真实施土地综合整治规划及各类专项规划，统筹安排区内生产、生活、生态等用地规模和布局，并为整体推进社区建设、产业发展、公共事业发展、农田水利建设、生态保护等实行了以下六方面创新：一是围绕土地流转和农业园区建设经营，创新现代农业可持续发展机制；二是围绕农村土地综合整治和加快农房改造建设，创新社区规划建设管理机制；三是围绕特色经济发展，增加村级收入和促进农民增收，创新富民强村增收发展机制；四是围绕生态保护和美丽乡村建设，创新生态文明建设示范机制；五是围绕改善民生，提高农民素质，促进社会和谐，创新基本公共服务供给机制；六是围绕破解城乡发展一体化资金瓶颈，创新区域建设投融资机制。这六方面机制创新，为顺利推进城乡发展一体化提供了保障。

2. 以社区建设为抓手，缩小城乡社会发展差距

中国村庄人口规模比较小。一般来说一个自然村人口为100~200人，一个行政村人口为2000~4000人，而且比较分散。受此影响，公用基础设施建设和公共服务成本要比人口适度规模集中居住状况下的建设和服务成本高。例

如,在新农村建设中实行的村村通公路,其中一些地处偏远,或者山区的村,修筑公路的成本就较高。再如,为了让每一名农村适龄儿童都能接受义务教育,只好村村办小学,哪怕这个村庄只有十几名孩子,也要办一所小学。因此,公用基础设施建设和公共服务的效率就会受到严重影响。打破村庄人口规模过小的传统模式,在现有行政村基础上实现人口适度规模集中,是降低公用基础设施建设和公共服务成本,提高公共服务效率的有效途径之一。

中国正处于城镇化快速推进时期。一方面农村人口进城步伐在加快,另一方面以新型农村社区建设为主的就地城镇化得到了快速发展。新型农村社区建设与以往农村人口向小城镇迁移有着许多明显不同,也与以往政府主导下对村庄行政隶属关系调整引发的人口居住空间调整截然不同:一是人口居住空间调整形式多样,既有向农村小城镇集中,也有就地以一个行政村为主实行多村合并,但无论是向小城镇迁移,还是实行多村合并的新型农村社区建设,都是城镇化和经济社会发展进步的体现。二是实行综合配套建设。新型农村社区建设过程中突出了产业园区、公共服务和公用基础设施配套建设,社区居住、就业和服务功能与城镇接轨。如果新型农村社区建设仅仅只是做到了人口集中而没有就业支撑、公用基础设施改善和公共服务效率提高,那么这样的人口集中居住只不过是传统村庄的叠加,就村庄而言没有发生实质性改变。

八里店镇(南片地区)在建设新型农村社区的同时,从缩小城乡基础设施、公共服务和社会事业发展差距着手采取了以下措施:一是利用靠近吴兴城区的有利条件,将城区水电气路等基础设施向农村社区延伸,改善了生产和生活环境条件;二是配套建设相应的医疗、教育、文化、就业,以及社会管理服务等机构,实行城镇化管理;三是建立健全社会保障体系,实现对社区成员的社会保障全覆盖;四是根据经济发展情况,本着先易后难、先少后多的原则,逐步实行农村居民社会保障标准与城镇居民社会保障标准接轨,全面缩小城乡居民社会保障方面的差距。

3. 实行全域统筹建设,推动"四化"协调发展

实行全域统筹建设,推动工业化、城镇化、农业现代化和信息化协调发展,是八里店(南片地区)城乡发展一体化采取的一项重要举措。具体做法体现在三个方面。

第一，成立负责全域统筹开发领导小组。在领导小组的直接领导下，对全域城乡建设、经济发展和社会发展进行中长期规划。科学规划居民生活区、工业生产活动区、农业生产活动区以及行政管理办公区并统筹建设。

第二，实行全域一体化开发建设模式，提高建设效率。八里店镇（南片地区）采用市场化的开发建设模式，即在全城统一规划的指导下，成立一个专门性开发公司，由公司按照规划要求筹集建设资金，同时对全域土地进行整治，整治后集约节约出来的集体建设土地，在区域内封闭使用，统一开发和实施建设。

第三，实行"三项"统筹，增强协调发展能力。为更好和更有效地推动城乡发展一体化，八里店（南片地区）在建设和发展过程中实行了三项统筹：一是统筹农业、工业和第三产业发展，完善各园区建设，实行统一招商引资，推进全域工业化、农业现代化和现代服务业同步协调发展。二是统筹全域公路、公交、电力、供水、邮政、信息、电信、广电等基础设施建设，全面治理农村污水、垃圾等方面污染源。三是对全城居民就业、养老、医疗、救助、权益等五大社会保障事业，以及教育、公共卫生、公共文化、农技推广、商贸流通等五大服务领域进行统筹建设，确保社会保障和公共服务与经济协调和谐发展。

二、八里店模式的实效及其评价

1. 八里店城乡一体化的成效

围绕解决"三农"发展这个大目标，按照工业化、城镇化、农业现代化和信息化同步推进、协调发展要求，八里店镇（南片地区）以农村居住向新型社区集中、家庭工业向工业小区集中、农业生产经营向现代经营主体集中为抓手，在34平方千米土地上高起点规划、高标准建设、高速度推进工业生产功能集中区、现代农业生产功能集中区和农民生活功能集中区建设，推动城乡发展一体化发展。

目前，八里店镇（南片地区）城镇道路框架基本成形，生活基础设施和公共服务设施"成龙配套"，包括紫金桥、永福、移沿山在内共34万平方米新型农民居住社区建设基本完成，绝大部分农民告别了传统村庄搬入新型农村社区居住，不仅实现了居住条件和环境的根本改善，而且教育、医疗卫生、养老等社会事业得到了迅速发展,低保和社会救助方面实现城乡接轨。城乡差距逐步缩小,围绕稻谷、瓜果蔬菜、特种水产"三个万亩园"的现代农业生产功能区,对促进农业增产和农民增收发挥了重要作用。现代农业发展水平得到极大提高,"家家点火、户户冒烟"的家庭工业全部进入工业园区,工业污染得到有效控制,城乡产业深度融合取得显著成效。

2. 对八里店模式的简要评价

八里店(南片地区)城乡发展一体化特点比较明显,一是通过功能区建设,实现人口居住城镇化、产业发展园区化、农业生产专业化,把全域统一开发与新型工业化、新型城镇化、新型农业现代化和信息化很好地结合起来,体现了产城互动、工农互惠、城乡互利发展。二是通过城镇基础设施和公共服务功能向新型社区延伸,扩大了城乡融合的深度与广度。三是创新土地使用制度,集体建设用地整治后节余的土地不实行区外置换,全部用于八里店(南片地区)城乡发展,让改革红利惠及区内全体居民。

第五节 产业园区带动的中鹤模式

从城乡发展一体化的角度来说,不同产业园区所起的作用并不相同。有的产业园区从人口和产业聚集规模上来看,本身就是一座城市,形成了以园促城、产城互动的发展格局,但这些园区除了在征地和用工上与当地产生一些联系外,实际上在以城带乡、推动当地农村和农业发展上,并没有建立起一种互动互促关系,其对农村发展的影响较小。相反,有一类产业园区的发展与农业和农村息息相关。这类产业园区通过参与新型农村社区建设,不仅实现了自身发展,而且也推动了当地城乡发展一体化,河南鹤壁的中鹤产业园就是其中的一个典型代表。

一、中鹤模式的特点和主要做法

中鹤产业园坐落在河南省鹤壁市浚县王庄镇,是中鹤集团自主建设的以小麦、油料加工及延伸产品生产为主的产业园区。中鹤集团成立于1995年,是河南省著名的农业产业化龙头企业。中鹤集团在发展过程中遭遇了两个明显瓶颈：一是集团扩大再生产的工业建设用地很难解决；二是集团加工的小麦绝大多数都依赖于从外地收购，小麦质量缺少必要保障。因此，从解决企业扩大生产规模和建设自有优质小麦生产基地的角度考虑，中鹤集团主动出资参与当地新型农村社区建设，不仅解决了上述两个发展瓶颈，而且通过产业园区带动，实现了农业生产规模化经营，形成了以工促农、以城带乡、工农互促、产城融合的城乡发展一体化格局。

1. 以新型城镇化引领推动工业化

王庄镇下设13个行政村，有6万多名农村户籍人口，13万亩耕地，是一个以小麦生产为主的乡镇。中鹤集团以新型城镇化引领推动工业化的具体做法如下：一是对全镇按照居民生活居住区、工业园区和现代农业园区进行功能分区和规划；二是计划用2~3年时间分三期投资建设"中鹤新城"新型农村社区，最终让全镇6万多农村人口搬入新型农村社区居住；三是将农村人口集中居住后节约出来的集体建设用地，按政策要求进行复垦，结余指标用于工业园区建设，推动工业生产发展。一座集路、电、气、水、电信、垃圾和污水收集等基础设施完备，教育、医疗卫生、文化体育等公共服务齐全的"中鹤新城"初步建成，部分农村居民已入住新城。与此同时，一座占地3平方千米的中鹤产业园已进入最后建设阶段，预计建成后可以大幅度增加中鹤集团的产值。"中鹤新城"建设，一方面大大推动了王庄镇农村人口城镇化进程，另一方面又有力解决了企业发展用地瓶颈，推动了中鹤集团的发展。

2. 以新型工业化促进农业现代化

农业劳动力向非农产业转移主要受到两方面力量的影响：一是来自农业劳动生产率提高产生的农业内部对劳动力的向外推力；二是来自非农产业高工资收益产生的拉力。中鹤产业园较高的职工工资性收入不仅对王庄镇农业劳动力有较大吸引力，而且产业园区规模可以完全满足王庄镇劳动力的就业需要。在这样一个背景下，王庄镇大量农业劳动力进入产业园区工作，为中鹤集团以工促农、工业反哺农业，实现农业规模化生产创造了条件。一是通过建设中鹤产业园，吸收全镇4000多名劳动力进入园区就业，实现劳动力就地转移；二是以租赁方式将全镇13万亩耕地从农户手中租赁过来，租赁期30年，租金以当地平均亩产1000~1200斤小麦折现计算，建立自有优质小麦生产基地,实现农业规模化生产,确保小麦生产质量;三是中鹤集团出资对租赁农田进行高标准建设,中鹤集团已完成3万亩的土地综合整治,新打机井600多眼,铺设地埋管道500余千米,架设电力线路50km,修建道路60km。

二、对中鹤模式的简要评价

新型农村社区以及与此有关的工业园区建设,已经成为新型工业化、新型城镇化、新型农业现代化和信息化的重要内容。从发展的角度来看,以新型城镇化引领推动新型工业化,新型工业化支撑城镇化和推动农业现代化建设的中鹤模式具有普遍性。中鹤模式之所以能够在以工促农、以城带乡、工农互促、产城融合发展等方面取得成功,最主要的因素是建立了以市场为基础、以利益为纽带的新型城乡工农关系。这样的城乡工农关系相互制约、环环相扣,一荣俱荣、一损俱损,任何非帕累托的制度改进,都将打破利益平衡,破坏已形成的城乡工农关系,并危及城乡发展一体化。因此,从利益关系构建的角度出发,必须要彻底破除导致城乡二元结构的旧的城乡工农关系,建立以市场为基础、以利益为纽带的新型城乡工农关系,这是实现城乡发展一体化的根本保障。

第七章 开放型经济对城乡融合的影响

随着社会的不断发展,开放型经济也越来越多地被人们了解,本章主要讲述的是开放型经济对城乡融合所产生的影响。

第一节 发达国家和地区的全球化与城镇化

一、发达国家和地区的全球化

经济全球化是指世界经济活动超越国界,通过对外贸易、资本流动、技术转移、提供服务、相互依存、相互联系而形成的全球范围的有机经济整体。经济全球化是当代世界经济发展的重要趋势,毋庸置疑,经济全球化并不代表每个国家都能从中受益,它取决于国际制度和规则。在现行的国际制度下,发达国家和发展中国家作为两种不同类型的国家,经济全球化给它们带来的影响是不同的。对发达国家而言,经济全球化给它们带来的利益远多于发展中国家。首先,国际通行的制度是由发达国家主导的,国际规则在很大程度上体现了其国内规则的特点,不存在与国外规则的严重冲突。其次,因为主导着国际制度,发达国家可以使其他国家承担更多的来自制度以外带来的不确定性和额外成本,从而转嫁成本,规避风险。再次,发达国家通过国际制度、规则极大地发挥了其优势和保护其劣势。最后,世界经济中的"集权"效应,所具有的各种优势,使得发达国家能够从全球化中获得比发展中国家多得多的利益。

扩大贸易规模。全球化的快速发展,促进了世界多边贸易体制的形成,使得国际贸易增长势头迅猛,其增长速度已大大超过世界国内生产总值的增长,发达国家成为最大的受益方。发达国家不仅是国际贸易规则的制定者,而且也成为国际贸易的垄断者。一方面贸易自由化会极大地促进发达国家出口的增长,另一方面全球贸易实际上为发达国家所垄断,发达国家的科技开发与应用更加直接地促进了自身以及全球贸易的发展。

加速经济扩张。全球化为发达国家提供了更加广阔的经济活动空间,使它们凭借各自的优势和经济实力不断扩大经济势力范围,在全球获得更大的销售、投资和劳动力市场,谋取更大的经济利益。在经济全球化极大地促进发达国家跨国公司快速发展的同时,跨国公司的发展又进一步加快了经济全球化的进程。在这个互为因果的过程中,发达国家跨国公司发挥着越来越重要的作用,尤其是在国际直接投资中具有举足轻重的影响,是国际直接投资的主导力量。

促进产业升级。经济全球化带来的世界范围内的空前竞争,促使发达国家经济向科技和资本密集型产业升级,在高新技术方面不断创新,研究开发和生产出技术和知识含量高的新产品,并及时推向市场,提高产品的国际竞争力。

推动人才引进。经济全球化为高技能劳动力的跨国流动创造了条件,而人力资源已经成为当前最重要的资源和各国争夺的焦点。吸引站在世界科技前沿和产业高端的高层次人才,越来越成为发达国家提高国际竞争力、实现经济可持续发展的迫切需要。发达国家凭借其优越的生活条件、先进的大学和研究机构、高技术企业集群等优势,吸引了大量海外人才,为发达国家的经济做出了重要贡献。劳动力的流入对人口步入快速老龄化的发达国家来说也是有利的,它直接增加了这些国家的劳动力和间接降低了它们对老年的依赖程度。

同时全球化也为发达国家带来了许多不利影响。

随着资本市场全球化的真正到来,在世界经济活动中,金融资产流动的规模之大、种类之多,让之前任何历史时期都相形见绌。巨额资本在全球的自由流动,在抑制各国通货膨胀率、压低全球利率水平的同时,也为房地产与股票市场从繁荣到衰退的周期性波动创造了条件,制造了一个又一个先繁荣后衰退的泡沫,为发达国家的经济安全稳定埋下了隐患。另外,全球资本市场的力量日益加强,影响力甚至已经超过中央银行。美联储和欧洲中央银行都发现,它们做出的调高短期利率的决定,对长期利率影响甚微,而长期利率会影响绝大多数借贷行为,最终将会作用于经济活动。

在经济全球化背景下,越来越多的劳动力成本较高的发达国家,通过将生产流程转移到劳动力成本较低的发展中国家而实现了效益增长。为了提高企业的效益,很多跨国集团通过雇佣海外工资水平较低的工人来取代本土高工资的雇员。这个现象也是许多发达国家工人的实际工资在一段时期内没有任何显著增长的一个原因。虽然经济全球化对发达国家的某些劳动密集型产业和就业会产生不利影响,但是这种影响绝非像一些西方学者所讲的那样严重。美国经济学家对美国相关部门的调查表明,来自发展中国家的进口可能仅使制造业对非熟练工人的需求量下降6%。世界银行也认为,"工业国劳动力市场的困难只有10%~30%是与发展中国家的贸易所造成的"。

首先,发达国家的劳动力与资本家之间的收入差距日益增大,有资料显示,对发达国家来讲,国民收入中的54%归属于劳动者,这已经创出了新低;而归属于资本家的部分疯涨到了16%的水平。美国经济机构的报告显示,美国过去20年来贫富收入差距明显扩大,最富裕家庭的平均年收入已达最贫困家庭平均年收入的7.28倍。再者,发达国家的不同产业在全球化中也收益不同,分配不均。中小公司、传统产业受到的冲击更多,大型跨国公司则可在全球范围内优化组合配置资源,抗风险和竞争能力较强,由此也扩大了一国不同地区发展的不平衡。比如美国"朝阳产业"集中的西部地区发展较快,传统产业和农业集中的东部地区则相形见绌。这种多层次的不平衡相互重叠交织,直接影响了不同利益集团对全球化的态度,加剧了发达国家社会内部的分化和不同阶层之间的利益冲突。

经济全球化是科学技术革命和生产力大发展的必然结果,是人类社会经济发展的客观趋势,它有利于生产要素在全球范围内的优化配置,如能加以正确引导和驾驭,也有利于各国各地区加强经济技术合作和世界经济的发展。同时也应看到,经济全球化是一把双刃剑,它对所有国家都有利有弊。现在,经济全球化是西方发达国家主导的,它们经济科技实力雄厚,掌握着制定国际经济规则的主导权,使这些规则充分顾及发达国家的利益。虽然经济全球化对发达国家经济也造成了一些诸如就业岗位流失、工资增长放缓等方面的不利影响，但与其在国际贸易和国际投资中获得的巨大经济利益相比是不可同日而语的，因此总的来说经济全球化对发达国家利大于弊，获益匪浅。

二、发达国家和地区的城镇化

"城镇化"与"城市化"两词都翻译自英文单词，在日本的一些地区和中国的台湾地区被称为"都市化"，发达国家一般称为"城市化"，中国称为"城镇化"。城镇化与工业化一样是任何国家和地区由贫穷落后走向发达繁荣的必经之路。城镇化是工业化的必然趋势、农业现代化的重要因素、市场经济发展的必要条件。同时，城镇化又极大地促进工业化、经济市场化和现代化的发展。发达国家尤其是美国在城镇化道路上走在了世界前列，其在不同的发展阶段具有不同的增长特点。

20世纪是全球城镇化快速发展的时期，全球城镇化率在20世纪末达到48%。据统计，世界发达国家城镇化水平达80%以上，一些发展中国家已达55%~60%。有些发达地区出现了以一个或几个大城市为核心，周围分布着成组成群中小城镇的都市连绵区。这种特大城市组群形态的出现是经济发展，特别是交通运输条件发展所促成的。可见全球城镇化不仅表现在数字上和比重上的提高，还包含着丰富的、空间形态上的发展变化，表现出多样的形势和特点。

城镇发展具有一定的规律性。综观世界各国城镇化发展，它不仅仅是人口的简单聚集，而且是整个社会基本形态由农业型社会向更高级城市型社会的转型，是经济增长和社会发展的晴雨表。它的发展水平往往是与工业化和经济发展相适应的，其进程一般沿着起步—快速发展—高位趋缓的轨迹来发展。在这一过程中，城镇化的形态特征与内在机制都发生着较为明显的变化，表现为鲜明的初期阶段、中期阶段、后期阶段三个阶段。

初期阶段——城镇化水平在30%以下，该阶段第一产业所能提供的生活资料不够丰富，国民经济总体实力薄弱，第二产业发展所需的社会资本短缺，所以城镇化的速度比较缓慢。

中期阶段——城镇化水平在30%~70%之间，该阶段城镇化发展进入加速期。人口和经济活动迅速向城市集聚，城镇化水平大约每年提高一个百分点，城镇在外延扩大的同时也开始了向内的发展。

后期阶段——城镇化水平在 70% 以上，该阶段是城镇化发展的高级阶段。这时城镇人口比重的增长趋缓甚至停滞，城镇化进入平稳阶段，城镇的职能更加复杂化和多样化，成为该区域的经济、科技、文化、商贸中心等。

综观国外城镇化发展的过程，我们可以归纳出以下两个特点：城镇发展需要一定的动力来推动。从各国的城镇建设的过程看，工业化是城镇化的基本动力，城镇化每前进一步往往离不开工业化的推动，如英国是世界上最早开始工业化和城镇化的国家。在工业革命的推动下，英国的城镇化进程十分迅速，曼彻斯特、伯明翰、利物浦等一大批工业城市迅速崛起、成长。德国的鲁尔地区、法国北部地区、美国的大西洋沿岸等地区都是在工业革命中随着资本、工厂、人口向城市的迅速集中形成的城市密集地区。工业化及其所带来的资本扩张成为城镇化发展不可或缺的第一动力，可以说整个城镇化过程就是资本扩大再生产过程在城市地域的体现。

小城镇与大都市的发展要同步进行。在西方发达国家城镇化发展历史上，人们最先注意的是要优先发展大城市。从这一思路延伸下去，城镇化基本经历了从小城市、中等城市、大城市到都市区、大都市区的发展过程。大城市城区人口过于密集、就业困难、环境恶化、地价房租昂贵、生活质量下降带来一系列的弊端和问题。在这种情况下，人们开始重新审视城市发展的问题，小城镇的建设引起更多人的关注。于是人们向环境优美、地价房租便宜的郊区或卫星城迁移，就出现了人口尤其是大城市市区人口郊区化、大城市外围卫星城镇布局分散化的趋势，也就是所谓的"逆城镇化"。实际上逆城镇化不是城镇化的反向运动，而是城镇化发展的一个新阶段，是对小城镇重新审视的结果，这就说明小城镇与大城市需要同步发展，若是偏离轨道，只重视大城市发展则会危害无穷。

城镇化的模式与世界各国经济政治体制、经济发展及人口、土地资源等条件密切相关。按照政府与市场机制在城镇化进程中的作用、城镇化进程与工业化和经济发展的相互关系，可以将世界城镇化发展概括为两种模式：政府调控下的市场主导型城镇化，以西欧为代表；自由放任式城镇化，以美国为代表。

政府调控下的市场主导型城镇化。通过以西欧为代表的发达的市场经济国家，市场机制在这些国家的城市化进程中发挥了主导作用，政府则通过法律、行政和经济手段，引导城镇化健康发展。城镇化与市场化、工业化总体上是一种协调互动的关系,是一种同步型城市化。其特点是:工业化与城镇化相互促进,政府在城镇化过程中发挥着不可替代的作用。

以美国为代表的自由放任式城镇化。由于美国政治体制决定了城市规划及其管理属于地方性事务,联邦政府调控手段薄弱,政府也没有及时对以资本为导向的城镇化发展加以有效的引导,造成城镇化发展的自由放任,并为此付出了高昂的代价。20世纪90年代以来,美国开始意识到过度郊区化所带来的灾害,提出了"精明增长"的理念。其主要内容包括强调土地利用的紧凑模式,鼓励以公共交通和步行交通为主的开发模式以混合功能利用土地,保护开放空间和创造舒适的环境,鼓励公共参与,通过限制、保护和协调实现经济、环境和社会的公平。

第二节 发展中国家和地区的全球化与城镇化

一、发展中国家和地区的全球化

(一)经济全球化对发展中国家的积极影响

改善资金和先进技术不足的局面。发展中国家在经济起步之初,为实现工业化,需要投入巨额资本和先进的工业技术,它们现实的资源贮备情况却是拥有丰富的劳动力资源,但是缺少资金和技术,这种资源供给结构不能满足工业化的需要。在经济全球化过程中,发达国家对外转移过剩资本和低附加值的劳动密集型产业,发展中国家可以利用这一机会吸引资本、技术,接手外来的产业,加快国内工业化的完成。外来的资本、技术有利于改善国内的资源供给结构,使得劳动力资源的优势得以充分发挥。

推动产业结构的调整和优化。在经济全球化条件下,伴随着各国经济科学技术的进步和外国直接投资的扩大,出现了全球性产业转移的浪潮。发达国家的产业结构在向高附加值的知识密集型产业升级过程中,将传统产业或劳动密集型产业逐步向要素成本低廉的发展中国家转移。发展中国家人力资源充足、劳动力成本低廉,成为传统产业转移的理想场所。全球性产业转移对发展中国家实现产业结构调整、加速实现工业化是一个极为有利的条件，为发展中国家实现较快发展提供了良好的机遇。

推动对外贸易的扩大。目前世界贸易发展出现一个新特点，即制成品贸易在世界贸易中所占比重越来越大，而发展中国家在制成品贸易中的比重大幅度增长。发展中国家在大力发展劳动密集型产业的基础上促进产业结构升级，积极参与国际竞争，已经在一些工业制成品贸易和产业竞争中取得了竞争优势，促进了本国经济发展。

有力地促进了发展中国家的经济发展。发展中国家不仅在国民生产总值、国民收入等经济指标及技术方面落后于发达国家，在政治制度建设、发展方面也存在严重不足。专制、腐败、缺乏效率、社会动荡严重阻碍了发展中国家的社会进步。全球化浪潮猛烈冲击着发展中国家的政治制度，推动其实现政治发展。实践表明，发展中国家受全球化浪潮冲击越大，其实现政治发展的可能性就越大，伴随政治发展的深入，这些国家能更好地适应全球化的要求，迎接全球化的挑战。全球化背景下的金融危机确实给印尼、韩国造成了巨大的经济损失，却不可否认，由此引发的政治发展将会有力地推动这些国家的进步，全球化时代竞争更激烈、风险更多更大，专制腐败、无能的政府显然不能满足全球化的要求，所以随着全球化的深入，发展中国家的政治发展将会明显加快。

全球化有利于提高发展中国家在国际社会的地位。全球化进程的逐步深化将使各国之间形成"你中有我、我中有你"的局面，彼此相互依赖、相互渗透，共同利益不断增加。生态恶化、环境污染、人口爆炸、贩毒等全球性问题也将使发达国家与发展中国家结成命运共同体。在这种情况下，各国之间必须相互协调，只有相互协调、相互合作，才能维护共同利益，促进共同发展。

（二）经济全球化对发展中国家的消极影响

经济全球化最初是由发达国家发起并积极推动的，发达国家的根本目的是想通过自身优于发展中国家的强大经济、先进技术优势，在经济全球化市场中占领更多的市场份额，占据更多的话语权，进而不断地加强自身在国际经济领域的各方面主动权，并不断地发展和保障自身在政治与军事领域的主导地位，进而使得国家利益最大化。然而广大的发展中国家却长期处于被动的地位，这也导致经济全球化给发展中国家带来了消极影响。

经济全球化一定程度上导致有形主权和无形主权的超越。经济全球化在本质上是一个跨越国界的经济发展过程,这一过程的最终目标是世界经济一体化。因而,它势必要逐渐减少国家干预,甚至交出部分经济决策权。许多经济问题也将由全球协调和仲裁机构去解决和实施。由于有些经济活动要绕过政治层面直接进行,从而使某些国家的经济主权形同虚设。而现行的国际经济规则主要是由发达国家和其控制的国际经济组织制定的,多数没有考虑到发展中国家的利益,甚至有的还是在发展中国家缺席的时候制定的。往往某种产业发展规则是在发展中国家还没有充分发展此产业的时候就制定出来了,发展中国家必须遵守它们并未参与制定的规则,无力改变其不利地位,只能被动地接受,非常不公平。这样,发展中国家在部分丧失了国家的经济主权后,还有可能保护不了自己的利益,这着实让人叹息。

发展中国家面临巨大的金融风险,严重威胁其国家经济安全。广大发展中国家普遍存在着市场发育不成熟和宏观调控机制不完善的问题。首先,发展中国家经济实力弱,容易受冲击;其次,发展中国家立法不全,有利于投机;最后,发展中国家执法不严,有空可钻。总而言之,发展中国家缺乏一套成熟、有效的规则来规划和管理金融业的发展。如果金融市场在这样的条件下开放,发展中国家必将会面临巨大的金融风险。而发展中国家要实现工业化和现代化,其金融领域不开放是不行的。随着经济全球化中金融业和通信业的广泛深入发展,金融风险在交易中随时会发生,因为这些交易额已超过大多数发展中国家的国民生产总值。也就是说,在经济全球化和现代通信技术极为发达的情况下,资金的可交易性大大增强,国际资本根据利率变化调整资金流向也更容易。发展中国家与发达国家的利差导致国际资本流入发展中国家,但是有任何风吹草动,这些资本就可能在短期内撤离,造成这些发展中国家的支付困难,从而出现金融危机,严重威胁发展中国家的经济安全。

经济全球化给发展中国家的民族企业造成了严重冲击。与发达国家相比,发展中国家由于历史的原因,经济结构相对薄弱,资金匮乏,技术落后,市场发育不成熟,而经济全球化加大了对其民族经济的压力和冲击。对广大发展中国家的民族企业来说,一方面,可以在经济全球化中得到更大的发展空间,实现资源的优化配置;另一方面,经济全球化也使其处在一个范围更大、对手更强的竞争环境中。发展中国家的民族企业在规模、效率、技术水平和研究开发能力方面都难以与发达国家竞争。跨国公司的品牌和产品充斥着发展中国家的市场。在对全球化进程缺乏有效管理的情况下,弱肉强食的"丛林法则"在其进程中就发挥了主导作用,这就可能导致那些拥有较大优势的西方发达国家的企业(如跨国公司)获得更多的利益,而那些处于相对弱势的发展中国家的民族企业获得的贸易条件很不利或只能得到很小的利益,导致其面临着被吞噬的危机。

经济全球化使发展中国家与发达国家之间的收入差距不断扩大。发达国家凭借其资金、技术、管理方面的优势和强大的经济实力,一直主导着经济全球化的进程,使得资源配置向对其有利的方向发展,使其成为最大的受益者。并且由于发达国家具有更多的资金和技术上的优势,因此大多数发达国家生产一些利润空间很大的资本和技术密集型的产品;而广大的发展中国家却在国际分工中生产加工廉价的初级劳动密集型产品,并逐步沦为了发达国家的原材料基地,这就使发展中国家国际分工中的地位降低,进而导致许多国家的贫困加剧、世界贫富差距继续扩大。全球的不发达国家数由20世纪70年代的25个增为20世纪90年代中期的48个。目前,发达国家的人均国内生产总值最高的达4万多美元,而发展中国家的人均国内生产总值最低的只有100美元左右,比如莫桑比克。

经济全球化给发展中国家造成了环境的污染和生态的破坏。伴随着经济全球化的进程,大量发展中国家成为发达国家的原材料生产基地,这就给发展中国家的环境造成了不同程度的破坏。而更严重的是,多数发达国家将耗能高、污染大的产业建立到发展中国家,从而加剧了发展中国家资源的消耗和生态的破坏。

经济全球化使发展中国家无法解除民众面临的危机。发达国家政府可通过较完备的社会保障和失业救济等机制缓解全球化对其民众的冲击,而多数发展中国家尚未建立健全此类社会保障机制,缺乏规避风险和缓冲压力的能力。与发达国家相比,发展中国家在经济全球化进程中处于更为不利的境地。在此次美国发生的金融危机中,发展中国家的民众受影响的程度却比发达国家的民众大得多。究其原因,这主要是部分发展中国家的社会保障体系不完善、失业救济机制不健全等因素造成的。

经济全球化使发展中国家的人才大量外流,特别是熟练人才和高级技术人才。为缓解人才供求矛盾,发达国家通过吸引留学生、技术移民以及企业招聘等形式从发展中国家"挖走"大量优秀人才。如美国从全世界移民了 15 万个"特殊人才",在美国大学深造的外国留学生共 49.1 万,这些学生学成后相当大的部分将留在美国就业,从而提高了美国劳动人口的职业素质,同时也使许多发展中国家为美国变相支付了巨额教育经费和输出了大量优质人力资源。目前在美国 59% 的高技术公司里,外籍科学家和工程师占 90%。由于发达国家在市场环境、薪酬等方面优势明显,使得发展中国家的人力资源大量流向发达国家。

全球化有助于发达国家的文化侵略。发达国家占据着全球化的技术优势,通过覆盖全球的广播、电视、卫星、互联网等传媒向全世界传播其生活方式、文化传统、价值观念、意识形态,使发展中国家的传统文化与价值观念受到巨大冲击,文化主权遭到严重侵犯。

(三)发展中国家应对经济全球化的策略

经济全球化对世界各国来说,既是不可避免的严重挑战,又是可以利用的机遇。因此,发展中国家必须认真地进行研究,结合本国的实际采取相应的对策,才能发挥自己的比较优势,扬长避短,抓住机遇,缩小与发达国家之间的差距。笔者认为发展中国家应采取的对策主要为:

积极参与国际金融和贸易规则的制定与修订,维护发展中国家的利益。二战以来,西方国家已经制定过一些国际规则,如布雷顿森林协议、关贸总协定等,对国际经济的运行曾起到了积极的作用。但是,所有国际规则的制定和修订都是由西方大国主导的,都以西方大国利益为准绳。在发展中国家的坚持要求下,国际规则在某种程度上也反映了发展中国家的利益,但是总体上更有利于发达国家。因此,发展中国家要积极参与国际规则的制定和修订,珍视自己的发言权,争取和捍卫发展中国家的经济利益和经济安全。

不断地加强政府宏观调控,扶植民族企业。国家必须要建立有效的金融风险体制,一个发展中国家要想经济全球化带动本国经济有一个良好的发展,政府的宏观调控是非常重要的,同时政府还必须对其制度进行改革,对怎样发挥本国产品的市场竞争力进行研究,制定相应的政策,不断加强宏观调控。另外,还必须要建立一个有效的金融风险防范系统。还要做好民族产业适时向经济结构的模式转换。国家的经济结构转换是经济发展的核心,而产业的调整也是国家经济结构调整的最关键部分,它直接决定了国家整体的结构与发展方向,更好地抓住全球范围内产业结构调整的机会,不断进行本国的产业结构调整,进而不断加快经济的发展,缩小和发达国家之间的各项差距。

大力发展教育,不断健全社会保障体系。科学是一个国家的发展动力,而教育是科技发展的保障,人才是一个国家生产力发展中最重要的因素。人才的培养必须依靠教育来完成,教育决定着一个国家的未来。现在的各国之间的竞争实质上就是科技、人才的竞争,因此,发展中国家必须要树立人是发展最宝贵的资源意识,把人才的开发以及保护放到至关重要的位置,不断地健全社会保障对国家的长远发展有非常深远的意义

要制定全球化发展战略,有效扩大对外贸易。跨国公司是经济全球化的结果,它也是经济全球化的重要载体,一个国家的国际核心竞争力,从长远来看,主要是由一个国家的世界级跨国公司与产品决定的。利用跨国公司的国外直接投资,把本国的消极保护转变成全球市场的共同参与,并分享经济全球化带来的巨大经济利益。利用参与的国际分工,不断扩大对外贸易发展,不断地促进经济结构的调整,能够在国际市场中增强商品经济的良好观念,不断地提高竞争意识,不断地吸取国外先进技术和管理经验,面对国际市场的经济全球化发展,本国要尽可能运用劳动力及其自然资源等各方面的优势,不断扩大对外商品贸易的发展,进而不断地提升本国的综合国力。

二、发展中国家和地区的城镇化

就目前情况来看,发展中国家的城镇化存在着超前城镇化和滞后城镇化两种不合理的城镇化状况。超前城镇化即城镇化速度大大超过了工业化速度,造成城镇化水平与经济发展水平脱节。国家过度城镇化,只有城镇化的形式,而没有城镇化的产业内核,工业化水平严重滞后。不少发展中国家都存在城镇化超前于工业化的现象。乡村人口过快地向城市迁移,超过城市经济发展的需要和城市基础设施的承载能力,大量人口缺乏就业机会,城市住房紧张,交通拥挤,犯罪增加。过度城镇化的原因主要是经济发展滞后于城镇化进程。在城镇化的过程中忽视农村和农业的发展,城乡差距拉大,乡村人口大量涌入城市,人口无序流动,缺乏管理。而城市经济又没有得到足够的发展,不能够很好地为进入城市的乡村人口提供就业机会和生活条件,从而造成了众多的

社会问题。印度等国家城镇化滞后于工业化进程,工业向乡村扩散,农村人口就地非农化,其城镇化水平不能真实反映经济发展水平。

因此发展城镇化必须要遵从以下规律:一是要坚持适度城镇化的原则,城镇化过程要与工业化进程相一致。如果城镇化过程快于工业化进程,就会出现过度城镇化,经济水平不足以维护城镇的基础设施建设,导致城镇中出现交通拥挤、环境污染、秩序混乱、生活贫困的"城市病";相反,如果出现城镇化不足的情况,非农产业不能向城镇集聚,农村富余人口不能向城镇转移,就会减缓工业化的进程,阻碍农业现代化的步伐,对整个经济社会发展造成多方面的不利影响。因此在选择其城镇化发展速度时,必须具体情况具体分析,不可盲目照搬其他国家的经验。二是城镇化与农业现代化共同发展。城镇化的过程并不完全是农民脱离农业进城的过程,而应该是通过农村生产率的不断提高,使得农业劳动生产力出现剩余,从而向城镇转移而实现的。更不是像巴西那样地主圈占了农民的土地,失地农民大量涌入城市的过程。因此在宏观经济层面,必须统筹城乡的协调发展,通过农业和农村自身的快速发展推进城镇化。对于发展中国家,尤其应重视农业的发展和农民利益的保护,加快农业现代化的步伐,以坚实的农业基础为工业化、城镇化提供可靠支持。城镇化的过程也不是城乡差距拉大的过程,而应充分发挥城市对农村的带动作用,加强城镇地区对乡村的反哺作用,带动农村经济快速增长。通过改变城乡之间的二元经济结构,促进城乡之间的协调发展。三是要着力解决城镇人口的就业问题,充分就业是决定城镇化进程的一个重要因素,城镇代表着就业增长和发展机会的增多。城镇就业量的增长是引起城乡移民的主要因素,如果失地农民不能在城市中充分就业,没有稳定的收入,必然会成为一系列"城市病"的重要导火索,这是巴西、阿根廷所提供的教训。城镇就业问题的产生和解决方法存在于劳动力供给、劳动力需求和城镇劳动力市场上供求的三个方面的相互作用。一般来说,城镇化过程中出现的新城镇居民低素质的劳动力供给无法满足城镇内部高素质劳动力需求;城镇产业如无充分发展,也不能为居民提供充分就业机会。所以,如何协调城镇劳动力供求是城镇化进程中必须面对和解决的重要问题。四是建立较为完善的社会保障制度,在城镇化的早期阶段,各国城镇化速度的差异主要与其市场规模密切相关,其内外政策以扩大国外市场为主,市场经济制度的建立成为发展主线,效率是其追求的主要目标。在基本完成工业化后，各国的城镇化也进入了一个新的阶段，此后城镇化速度的差异主要与其社会保障体系的建立密切相关，其内外政策以扩大国内市场为主。社会保障制度的建立成为发展的主线，公平是其追求的主要目标。相应的，社会保障制度成为新阶段城镇化推进最重要的保障，社会保障是社会经济发展的"内在稳定器"，一个没有完善社会保障制度的国家如巴西，失去了土地的农民如果在城里没有纳入社会保障体系，将成为一大社会问题。在今天，发达国家的城镇化水平已经很高，发展中国家正在加速城镇化的进程，发展中国家要缩短同发达国家之间城镇化水平的差距，就应该在城镇化进程中同时建立城市与农村的社会保障制度。

第三节　全球化对城镇化影响的比较

一、发达国家内生为主的城镇化和逆城市化

总体来看，发达国家的城镇化进程起步较早，目前处于后期的发展趋缓阶段，城镇化率一般均在70%以上，且逆城市化现象普遍出现。通过前面数据的实证探讨，可以看出近几十年发达国家的城镇化进程是内生推动为主和逆城市化相互并存的状态。

第一，发达国家的城镇化仍占据着世界主导地位。工业化与服务业发展是其增长的核心动力，这是由发达国家较高的经济发展水平和城市经济的基本属性所决定的。发达国家城镇化和工业化的关系可以概括为"相互促进，协同发展"。例如，英国的核心城市主要是曼彻斯特、利物浦、伯明翰等一大批工业城市，加上以伦敦为主的金融中心。德国的核心城市主要是鲁尔地区的工业城市，以及以法兰克福为主的金融中心。美国的核心城市主要是大西洋沿岸、五大湖周边等地区的工业城市，以及以纽约为主的金融中心。日本的核心城市主要是大阪、名古屋、横滨等工业城市，以及以东京为主的金融中心。工业化作为城镇化发展的传统动力，服务业尤其是金融业作为城镇化发展的新型动力，都是发达国家城镇化不可或缺的因素。

第二，城市布局合理，小城镇与大都市优势互补，是发达国家城镇化率进一步增长的必要条件。其实城镇化并没有统一的规律可循，如美国式的大都市发展、欧洲式的小城镇发展等，各国大多都因地制宜，探寻出了各自合适的发展道路。但纵观各个发达国家，城镇化总体上都遵循了一个原则，即可持续性的发展。尽管发达国家也经历了优先发展大都市，再注重发展小城镇的历史，但目前两者的城镇化已经处在同步的轨道上。例如，20世纪60年代，当美国一些大城市开始出现城市化带来的问题时，美国政府整合各种要素，开始注重小城镇的发展，鼓励农村人口迁移到小城镇，实现大城市、小城镇以及乡村地区经济、社会、公共服务和人口结构的均衡。到20世纪70年代，美国10万人以下的城镇人口增长了25%，主要大城市的人口也开始出现了略微下降。同一时期，日本东京也遇到了同样的问题，日本通过完善周边区县的生活基础设施，加强公共服务水平，尤其是高速轨道交通的建设，使东京100km范围内的下叶县、神奈川县等小城镇成为定居、生活和工作的理想区域，缓解了东京的城市问题。德国的小城镇在发展初期，交通、水电、医疗、教育和购物等生活设施就与大都市基本无异，而且自然环境优美、交通方便，使德国的大都市在发展过程中没有出现其他发达国家那样严重的城市问题。

第三，"逆城市化"在发达国家中仍然是一个普遍现象。"逆城市化"是指经济发展到一定阶段带来的城区人口分散化过程，主要是指人口从集中区域分散到不集中区域。除了小城镇发展吸引了部分由于城市病的出现离开城市核心区域的人口外，逆城市化依然是发达国家一个不可阻挡的潮流。城市在集中发展经济过程中出现交通拥挤、环境污染、贫富分化等问题有时是难以避免的，这是由城市的承载力和经济特点所决定的。当城市发展到一定极限，城市的功能和空间结构会自发分散。例如，部分经济功能、文化功能以及人口聚集区向郊区和乡村地区转移，开始出现大都市郊区人口增长速度快于中心区人口增长速度的趋势。但是，逆城市化并不意味着城镇化水平的降低，只是城镇化进程中城市功能区自发地合理再分配，这是人们对于良好生活环境的自然选择，也是随着交通、物流、通信等技术的发展必然产生的结果。更重要的是，逆城市化其实对城镇化的发展有着一定的推动作用。从整体上看，逆城市化提高了小城镇人口的吸引力，促进了人口、物流和产业向小城镇的转移，为落后地区第二产业、三产业的发展奠定了基础,对城镇化的全面均衡发展起到了有益的作用。

第四,人口向首位城市集中的趋势进一步推动了发达国家的城镇化。城镇化进程主要是农村人口向城镇转移的过程,这在发达国家也不例外。美国三大城市带,包括华盛顿—纽约城市群、五大湖城市群和加利福尼亚州城市群,每年都创造接近 2/3 的全国 GDP。日本三大城市带,包括东京区、大阪区和名古屋区,其创造的 GDP 超过全国的 70%。由此可见,发达国家人口吸纳能力的增加也更多地来自大都市及其所在的城市群。此外,发达国家的人口政策普遍宽松,人口处于自由流动状态。由于流动成本几乎可以忽略不计,所以潜在的转移人口在迁移时一般只考虑成本、收入和就业机会三个要素。大都市及其周边城市经济相对发达,吸纳的就业人口较多,收入也较高,若生活成本与原住地差别不大,城市承载力仍然有较大空间的话,有转移愿望的农村人口首选地一定是大都市或者首位城市,这进一步加深了大都市和城市群对整个国家城镇化进程不可替代的作用。

第五,全球化对发达国家城镇化的影响力不复存在。西方国家城镇化发展初期,其直接原因被归结为城市工商业经济的发展,但背后更深层次的,可能是全球化导致的资源在全球范围内的重新分配,引起沿海贸易城市对人口的吸引力大大增强。许多国际性城市都是大型的港口城市,也正是出于这个原因。但是,最近几十年的全球化发展,其主角已经不再是发达国家,而是发展中国家。如今全球化的主要内容是发达国家的资本向发展中国家转移,以及发展中国家利用廉价劳动力、原材料等比较优势参与国际分工,进而引起的全球化范围的进一步深化和拓展。这一现实情况反映到城镇化进程,就表现为全球化对于发达国家城镇化的影响力不再那么明显,而更多地体现在内在因素的推动作用。我们的实例也明确证实了这一点。

二、全球化与发展中国家城镇化的后发优势

总体上来看,发展中国家城镇化进程起步较晚,目前多数处于早期或中期发展阶段,城镇化率在 40% 左右,但大部分国家已经出现了一系列不同程度的环境问题。基于实证部分的研究结论如下:

第一,发展中国家之间城镇化水平的差异有扩大的趋势。全球化程度高的发展中国家,城市就业需求增加。导致城乡人口转移更加频繁。城市经济的发展也提高了人口自然增长速度;相反,全球化程度低的国家,制度、技术、人力资本和制造业均比较落后,城镇化进程缓慢,城市人口增长速度较低。整体上看,发展中国家集中的亚洲、非洲和拉丁美洲的城镇化水平差距非常大,拉丁美洲由于融入全球化的时间较早,城镇化水平远远领先于其他发展中地区。

第二,发展中国家内部城市发展不均衡,大城市人口过度集中。从单个发展中国家来看,与其他国家经济往来频繁的沿海城市或该国的政治中心,一般会逐渐发展成为人口密集的主要城市,这是有深刻的历史原因的。原因之一是这些国家必须依赖进口发达国家的工业品维持本国经济,更重要的原因是部分发展中国家由于经济基础薄弱,不得不向发达国家尤其是原宗主国出口资源,譬如非洲国家和部分拉丁美洲国家。双方的贸易往来,使殖民时代遗留下来的沿海城市继续对发展中国家的经济起着举足轻重的作用,并受益于全球化而得到了进一步的发展。另外,发展中国家在政策引导和政府投资上有偏向大城市的倾向。经济活动的过分集中,使大多数国家出现了"过度城镇化"的现象,已经暴露了一系列不同程度的环境问题和社会问题。

第三,发展中国家的比较优势集中在资源型和劳动密集型制造业,而全球化分工影响下的产业结构固化导致城镇化后劲不足。尽管某些发展中国家正在积极调整策略,注重可持续性发展,加速产业结构升级,取得了比较明显的成绩,如我国的北京和上海、印度的班加罗尔、阿联酋的迪拜等,但整体来看,发展中国家城镇化的动力仍然以低端制造业和资源型行业为主。发达国家为了继续保持"剪刀差"的优势,在投资和贸易进程中往往实行严格的技术壁垒和贸易壁垒,使发展中国家在转型过程中遇到重重阻碍,大部分发展中国家在困难、阻力和发达国家政治、经济压力下,往往选择放弃调整而重走老路,全球化对发展中国家产业结构的这种作用,从长远来看必然会造成城镇化的后劲不足。但是,我们也要看到少数成功的例子,如韩国、新加坡等,因此不能借此否定全球化的积极作用,而要借鉴经验、吸取教训,找到适合自身的跨越"中等城镇化陷阱"的道路。

第四,由于出口产品的结构与发展中国家产业结构高度相关,导致出口对城镇化影响并不明显。实证部分的定量分析,比较明显地表明了这点,其结果也与样本特征密切相关,因为在发展中国家中占据绝大部分的是欠发达国家。这些国家大量出口的是本国原材料和最低端的产品;与此同时,生产这些产品的行业属于资源型行业,而资源型行业并不能显著增加城市对人口的吸引力,甚至在某种程度上会吸引城市人口到郊区和农村从事资源型行业生产,进而可能对发展中国家的城镇化进程形成一定阻力。为此,广大发展中国家,例如,中国正在积极地寻求产业升级和经济转型的办法,将转型作为经济增长以及城镇化发展的突破口,以创新、技术、制度上的变革努力改变着国际产业链低端的现实和微笑曲线的中间状态。因为从现实情况看,发展中国家的大多数人口还停留在农村,从事着农业生产。巨大的潜力决定了城镇化之路还有很大的挖掘空间。

第五,外资对发展中国家城镇化的影响很大,尤其是通过技术溢出、产业带动效应等促进城镇化发展的作用非常明显。从偏相关系数和半偏相关系数的绝对值可以看出,FDI 占 GDP 比重的系数与统计显著的人均 GDP 的系数均十分接近。如今城镇化快速发展的国家,都是 FDI 增速最快的国家,如中国、巴西、墨西哥、印度等。资本的逐利性使得全球资源更合理地配置;而新兴市场国家城市经济的活力,吸引着发达国家大量的资本流入,成为 FDI 的主要目的地。正如理论部分所阐述的那样,FDI 带动着城市制造业和服务业部门的发展。知识和技术溢出效应,以及外资企业强大的就业效应,可以通过"推—拉"作用促进发展中国家的城镇化进程。因此,从国家整体的数据看,全球化对发展中国家城镇化的积极作用主要是通过资本流动实现的。

三、开放型城镇化概念的提出

基于世界银行 220 个国家和地区的面板数据,利用 Person 相关系数、散点图矩阵和偏相关系数回归等方法,分别实证探讨了发达国家和发展中国家全球化与城镇化的关系,得出了诸多全球化影响城镇化的规律性的结论。通过对数据的深入探索我们发现,发展中国家的城镇化目前存在很多问题,例如,发展中国家之间城镇化水平的差异正在扩大;发展中国家内部城市发展越发不均衡,普遍存在沿海城市过度发展,而内陆城市发展滞后的现象;传统单一的城镇化发展模式后劲不足,过分依赖全球化可能阻碍产业结构的优化升级;等等。

中西部地区发展有巨大的潜力和回旋余地。我们将用改革的办法和创新的精神,遵循规律,推动以人为本的新型城镇化。中国愿与上海合作组织成员国、观察员国拓展新型城镇化合作,共同为各国深化与中国,特别是中国中西部地区的合作,实现互利共赢,书写新的篇章。

中国正在探索并实践一条综合性的"开放型"城镇化道路。结合本章的研究结论,本书为其下一个定义:开放型城镇化是将城市的内生发展、城市之间的区域合作和全球化背景下的外生发展有机地融为一体,形成一种合力,从而实现 1+1+1>3 的城镇化模式。具体来说,各个发展中国家应当将本国的经济发展和转型升级,积极吸引外资并融入全球一体化,以及鼓励大城市带动小城镇的发展这三个方面放在同等重要的位置上;同时,要以市场为根本导向,依据本国的经济基础,特殊国情和历史特点,把三者的优势完全融入城镇化"推—拉"作用的动力系统中,从而实现本国城镇化的全面、协调、开放、共融和可持续发展。

发展中国家城镇化是一个综合性问题,发展潜力巨大。我们不能因为城镇化进程中出现交通拥堵、环境污染、治安等问题,就全盘否认其对促进经济增长、提高人民生活水平等方面的积极作用。以中国为代表的发展中国家,已经在城镇化进程中取得了举世瞩目的成就,发达国家的历史经验同样深刻印证了城镇化对经济、社会、文化等各方面的促进作用。作为与工业化、信息化和农业现代化处在同等重要战略地位的城镇化,积极促进其健康、有序、更快地发展,有深刻的理论依据和现实意义。开放型城镇化概念的提出,可以为破解城镇化发展瓶颈的难题打开一个新的思路。

第八章 城镇化与生态伦理研究

第一节 新型城镇化建设中的生态伦理构建

随着我国城镇化进程的不断加快，城镇用地的扩张和城镇人口的增长使人与生态环境之间的冲突越发尖锐，过去以牺牲生态环境质量为代价的粗放式城镇化发展模式已无法适应新形势下可持续发展和循环经济建设的需要，新一轮的城镇化将更加强调质量，进入注重生态效应的新型城镇化发展阶段。因此，如何以生态伦理的价值体系引领新型城镇化建设的实践，加强新型城镇化进程中的生态伦理的制度化建构成为具有现实意义的问题。生态伦理学是随着生态问题的产生，人类通过反思自身行为而发展起来的一门关于人与自然关系的道德学说，是如何对待生态价值、人与生态系统之间关系，以及如何调节人与自然环境之间关系的伦理学说。对人类而言，大自然是人类赖以生存的环境，也是人类物质交换的对象，而城镇化建设所涉及的复杂环境是"社会—经济—自然"三者的复合系统，对其进行研究需要从三者的相互关联方面进行考虑，这必然引起对人与自然的价值关系或伦理关系问题的定位与思考。

鉴于此，针对当前城镇化进程中的资源过度消耗、环境不断恶化等诸多问题，本节将生态伦理思想与解决城镇化建设中经济与环境协调发展的思路联系在一起，以新型城镇化建设中的生态伦理构建为研究对象，探讨城镇化建设中涉及的伦理关系及价值取向，提出新型城镇化建设的生态伦理价值原则，构建系统的生态伦理价值观的实践体系，以期借鉴生态伦理思想中的相应观点为新型城镇化建设献计献策，更好地实现城镇化进程中人与自然的互生共荣，使研究成果更具有指导意义和实践价值。

一、我国城镇化建设中的生态伦理问题

我国是一个人口众多,水、土、能源等资源紧缺、生态环境脆弱的国家。目前,我国的城镇化率已达到51.27%,有6亿人口生活在城镇,资源相对短缺和生态环境恶化压力越来越大,土地、水资源、能源、生态环境、耕地等约束因素越来越突出,日益成为制约中国城镇可持续发展的重要因素。根据国务院发展研究中心的预测,我国城镇化的峰值将在70%~75%之间,目前我国正处于城市化加速发展时期的第二阶段,即城镇化率达到50%以后的阶段。参照国际经验,这一阶段将进入增长速度相对放缓、质量稳定提高的新型城镇化阶段,因此协调好城镇化建设和生态环境之间的关系,是当前我国社会经济可持续发展的一个紧迫任务,也是全面落实科学发展观、构建我国和谐社会的一项重要内容。而从现阶段来看,我国在推进城镇化建设的过程中以牺牲生态环境质量为代价的发展模式频频带来环境污染、生态破坏的恶果,粗放式的城镇化建设不断挑战生态环境的承载极限,突出表现在以下三个方面:

(一)重经济效应、轻生态效应

自改革开放以来,我国在经济领域取得了令世界瞩目的发展成就,近5年的国内生产总值年均增长速度达到9.3%,高于同期全球2.9%和新兴经济体5.5%的增速,经济总量跃升至世界第二位,成为仅次于美国的第二大经济体。然而,受各种资源要素的制约,传统的城镇化发展模式主要依靠资源的高消耗投入和投资驱动,带来了严重的工业污染和环境承载的巨大压力,造成社会矛盾加剧。从我国城镇化的实践来看,城镇化速度与质量严重不协调,土地城镇化快于人口城镇化,"城中村""垃圾围城"等城市病大量存在,城市品质较低,加之许多城镇盲目引进重工业,大量发展高耗能、高污染的乡镇企业,造成严重的水污染、土地污染,并为此付出了沉重的环境代价。据统计,我国单位GDP能耗是世界平均水平的2.2倍,单位GDP的废水排放量比发达国家高4倍,单位工业产值产生的固体废弃物比发达国家高十多倍。虽然我国"十二五"规划明确提出改变经济增长方式的发展方针,党的十八大报告中也将生态文明建设上升到国家意志的战略高度,将生态环境保护融入经济社会发展的全局,但生态环境保护的最大阻力仍是对GDP的盲目崇拜,以生态效应为代价

换取 GDP 增长的不科学政绩观和以环境污染为代价获取经济效应的利润最大化追求都是与生态伦理道德观相悖的。

（二）重社会正义、轻环境正义

在城镇化的进程中，各级政府都高度重视民生问题，采取了一系列措施从制度层面保障城镇化建设的顺利进行，公共服务体系不断迈向均等化：13 亿城乡居民参保，全面医保体系初步形成，新农合制度逐步完善；最低生活保障制度实现全覆盖，城乡社会救助体系基本建立；"十二五"规划纲要指出我国将在今后 5 年内新建 3600 万套保障性住房，使保障房覆盖率达到 20%；全面实行城乡义务教育，教育公平迈出重大步伐；积极稳妥推进城乡二元户籍管理制度的改革；等等。这些体现公共服务均等化的措施和公民保障体系的不断完善都集中体现了城镇化进程中"社会正义"的中心原则。然而，随着城市生态环境问题的日益凸显，实现环境领域中权益分配与责任分担之间的对等也成为需要关注的问题。环境正义指的是人类社会在处理环境保护问题时，各群体、区域、民族国家之间所应承诺的权利与义务的公平对等。由于对人类与自然关系认识的局限性，在现阶段城镇化的进程中缺乏对环境正义重要性的认识，将公平正义仍然局限在城市建设中政治利益、经济利益的分配上，忽视了环境正义的建设。

（三）重理论宣传、轻实践行动

为贯彻低碳经济和可持续发展战略，我国各级政府设计了多种类型的环境政策工具以实现生态环境的优化，出台了各种层次的生态环境整治方案。社会科学和自然科学的理论工作者也积极投身于生态环境保护的各项学术研究中，取得了一大批颇有建树的学术成果。另外，各种环境保护组织、新闻媒体、教育界也在普及环保法律法规，强化舆论监督，推进公众参与环境保护等方面，开展了积极的宣传和教育工作，使得公众能够更加关注环境问题。但是，仅注重环境保护的制度设计、理论研究和观念宣传，而忽视环保实践体系的构建，造成环保意识与环保行为的脱节，导致这种"知而不行"的结果从根本上是社会、企业和个人生态伦理道德体系和价值取向的错位。城镇化建设不仅是人类生活生产硬件环境的改变，更需要生活方式、思维方式的全面更新，这就需要构建尊重自然、保护自然、人与自然和谐发展的生态伦理价值认同，并将其践行到新型城镇建设的具体实践中去。

二、新型城镇化建设中生态伦理构建的价值原则

伦理学是一门价值建构学,从学理上揭示伦理价值的存在,论证伦理价值的基础,其研究对象是道德,具体表现为道德现象、道德行为和道德关系等。而价值观是指对客观事物的本质、内涵和要求的总体看法,以及自身行为结果的意义、作用、效果和重要性的总体评价,是推动决策并指引行为的原则。价值观不同,人们观察思考解决问题的原则、方法和取向也就不同,对人类的活动实践也将产生根本性、全局性和方向性的重大影响。从价值观的视角来看,对城镇化发展目标的不同选择从实质上反映了哲学层次上价值观的不同追求,对城镇化的决策与实践产生直接影响。城镇化进程所涉及的社会环境、经济环境、生态环境共同组成一个三维一体的复杂系统,其规划、建设和管理决策实际上是对社会目标、经济目标、生态目标这三个方面的多目标决策,其目的是实现社会正义、经济正义和生态正义的统一,从而使生产空间集约高效、生活空间宜居适度、生态空间山清水秀。为此,结合理论与实际,新型城镇化建设中生态伦理构建的价值原则应该涵盖以下几个方面:

(一)环境友好原则

从城镇化的视角来看,坚持环境友好原则具有丰富而深刻的内涵。环境友好原则要求城镇化的发展必须以环境承载力为基础,遵循自然规律,倡导生态文明和生态现代化,构建经济社会环境协调发展的社会体系,实现可持续发展。环境友好是对社会经济系统与生态环境系统之间关系的高度概括性描述,意味着要在城镇化建设的各个环节遵从自然规律,以最小的环境投入与影响达到城镇建设的最大化发展,形成有利于环境的生产和消费方式、持续发展的绿色产业、少污染与低损耗的产业结构、符合生态条件的生产力布局、人人关爱环境的社会风尚和文化氛围,建立人与环境良性互动的关系,形成经济与自然相互促进、人类与环境和谐共处、可持续发展。

(二)资源节约原则

资源节约原则是指在城镇化进程的规划、建设、管理的各个领域,通过采取综合性措施、提高资源利用效率,以最少的资源消耗获得最大收益,保障可持续发展的社会发展模式。面对自然资源、环境承载力对城镇发展的约束,城

镇化建设不能掠夺性地向大自然索取,必须以人与自然和谐发展为目标,合理地保护自然,增强自然界的抵抗力,减少生态环境的压力,加大环境污染治理,在生产、流通和消费等各个领域,采取降低资源消耗的生产方式、生活方式、消费方式,鼓励全社会节约资源和提高资源利用率,使人类以最少的资源消耗获得最大的经济、社会和生态效益,使经济社会发展与资源环境承载能力相适应,建立人与环境良性互动的关系,保障经济社会可持续发展。

(三)生态公正原则

生态公正原则是生态伦理学的基本道德原则之一,同时也是人类社会经济发展所必须遵循的原则。生态伦理学指出,人类社会和自然的关系是相互制约同时又是相互依存的生态共同体,生态公正原则的要求就是我们人类在这个生态共同体之中,合理规范地使用自己的权利,公正对待其他物种、自然以及子孙后代的环境权利,从而促进人与自然的和谐关系。新型城镇化的进程,涉及人与自然的利益和义务的合理分配的基本准则,既包括对人类实施生态公正的道德要求,也包括对非人类成员生存的环境正义要求。新型城镇化的建设过程是生态公正原则在现实中的运用。生态公正原则还要求资源与环境应该在当代人之间要公平分配。

(四)可持续发展原则

在以后的较长一段时间里,我国还将处于社会主义初级阶段,新型城镇化发展是中国社会经济发展的重点,资源和环境压力将长期存在,而以往粗放式的城镇化发展方式是以资源的极大浪费和环境的严重污染为代价的,重复建设和资源的无序开发严重影响了城镇化的可持续发展,大大降低了城镇化的质量,损害长期发展利益。新型城镇化建设的可持续发展包括经济可持续性、社会可持续性和生态可持续性。生态可持续性是基础,经济可持续性是主导,而社会可持续性是动力与保证。城镇化建设的可持续发展是指在整体推进城镇化的进程中,要以最少的劳动、技术、资金和资源消耗,推进城镇经济增长、社会结构优化和居民生活水平的不断提高,从而既满足当代城镇发展的需求,又满足未来城镇的发展需求,是"生态—经济—社会"三维复合系统的协调可持续性发展。

三、新型城镇化建设中生态伦理构建的实践体系

从一定程度上说,生态伦理建设的出发点始于生态伦理理论体系的构建与完善,而理论研究的最终目的与落脚点却在于生态伦理的实践,包括培育生态伦理实践的主体,鼓励生态伦理实践的行为,用生态伦理理念有效地调节人类的实践活动。新型城镇化建设中的生态伦理是城镇化进程中人与生态系统之间关系的道德准则和行为规范,是以实现人与自然和谐发展为目标的价值理念,其现实内容包含一切涉及尊重自然、善待自然和保护自然的道德品质与道德责任。新型城镇化进程中生态伦理的实践体系构建包含三个层面,即政府机构的生态责任、企业组织的生态经营以及公民个体的生态意识。

(一)政府机构在城镇化建设中的生态责任:绿色 GDP

政府机构的制度建设和公共管理行为是推进生态伦理实践体系构建的基础和保障。城镇化战略是在政府主导下实施的我国经济社会发展的重大战略,城镇化的发展方向、发展速度、发展内涵有赖于政府的引导、参与和管理。在城镇化推进的过程中,政府机构必须确立生态伦理理念,将生态伦理观内化到政府政策的决策、制定和执行的全过程。在生态伦理的要求下,政府机构在制定经济和社会发展政策时必须要考虑生态环境和自然资源的承载能力,将生态环境的优化融合到城市规划及其建筑设计的理念中去,建立以现代生态学为指导和依据的城市设计准则,做到把经济建设和生态环境保护建设同步规划、同步发展。政府对生态环境保护的公共政策体系包含的内容应该是全方位的,比如探索集约用地方式、建设循环经济示范区、加快建立低损耗、少污染、高效益的产业结构,深化资源价格改革、制定评价指标、生态补偿和环境约束政策、完善排污权有偿转让交易制度、颁布节约资源和保护环境的法规制度等。一个值得参考的做法是将绿色 GDP 纳入地方社会经济发展的考核指标,虽然绿色 GDP 已不是一个新鲜的概念,但由于缺乏定量的评价标准,导致难以在实际工作中具体实施,所以当前应尽快建立一套科学合理的绿色 GDP 评价指标体系,并将其纳入政绩考核范围,把资源消耗、环境损害、生态效益等指标纳入经济社会发展评价体系,建立体现生态环境保护要求的考核办法、奖惩制度,形成生态伦理实践体系的长效机制。

（二）企业组织在城镇化建设中的生态经营：绿色制造

企业组织是社会物质财富的创造者和自然资源的使用者，合理地利用资源和保护环境是企业义不容辞的责任。企业在处理企业内部、企业与企业之间、企业与社会之间的利益关系时，要树立适合生态经济发展的伦理观，实现企业发展与经济、社会、生态发展的和谐。在城镇化推进的过程中，作为经济发展的主体和基本单元，企业应自觉做到把对利润的追求和承担生态责任结合起来，努力开发和提供低耗材、无污染或低污染的技术、工艺和产品，从事对自然资源、生态环境和人体健康无不利影响的各种开发建设活动，将"绿色制造"的理念贯彻到企业的各项生产经营活动中去，以此来追求经济效益、社会效益与生态效应的最大化。

（三）公民个体在城镇化建设中的生态意识：绿色消费

城镇化建设中的生态伦理构建是一场思想革命，它的实现不仅需要机制体制的建设、企业低碳技术的推广，更需要公民个体的广泛参与。生态伦理道德的核心内容是要树立人与自然和谐发展的生态理念，树立科学发展的观念和可持续发展的观念，树立经济社会系统与生态系统协调发展的观念，形成人人节约资源、保护环境的道德风尚和社会氛围。对公民个体来说，增强生态价值观念和生态责任意识，培育生态伦理素养，确立绿色消费理念，并把生态意识落实到个体的日常行为中去，是生态伦理体系构建至关重要的环节。生态意识是提升公民生态伦理素养的重要前提，可以通过科普活动、新闻媒体报道、社会教育等多种形式积极宣传和推广生态科学知识、生态伦理准则和规范以及与生态环境相关的法律法规等，不断转变传统观念和落后意识，增强其资源忧患意识和生态责任意识，改变奢侈、消费等不良消费习惯，使其符合绿色消费的要求，逐步养成科学、文明、健康的绿色生活方式、消费方式，使生态化行为成为人们的习惯，自觉为创建生态文明城镇而共同努力。

新型城镇化代表了在城镇化进程中实现人与自然界和谐共生、实现科学发展的新经济模式，实质就是要建设以资源环境承载力为基础、以自然规律为准则、以可持续发展为目标的经济社会发展体系。以生态伦理的价值观引领新型城镇化进程，加强生态文明建设和生态环境保护，以最少的资源消耗和环境代价取得最大的经济效益、社会效益和生态效益，建构经济、社会、生态三维复合系统协调发展的循环体系,走资源节约、环境友好、生态正义、可持续发展的新型城镇化道路,是我国城镇化建设在众多约束条件下的必然选择。新型城镇化建设中的生态伦理实践体系构建是一个复杂的系统工程,其价值目标、道德理念及伦理规范的实践需要政府、企业和公民的广泛参与,从而达到经济价值、社会价值、生态价值的高度统一。

第二节 新型城镇化建设的伦理指向

城镇化作为推进经济结构战略性调整的重要步骤之一,得到深入贯彻落实。可以预言,在今后一个时期,推进城镇化建设必将掀起新的高潮。尽管中国城镇化起步较晚,但发展迅速。目前,我国城镇化将进入快速发展的新时期。然而,城镇化建设不能仅仅停留在速度与规模的层面上,更应该注重质的提升,实现城镇化的健康发展,走新型城镇化之路。新型城镇化有多重维度与指标参数,作为一项系统工程它涉及诸多领域,既有物质实体层面的因素,如基础建设、经济发展;又有制度、政策方面的因素,如产业结构调整、住房政策、户籍制度;同时还有深层精神涵养因素,如发展理念、城市精神、价值取向,等等。在精神涵养界面上,伦理精神是关键的内核,它不仅决定着城镇化精神涵养的丰富程度,而且还贯穿于物质实体、制度、政策等整个城镇化建设过程的始终。所以,在城镇化建设中必须深入挖掘其内在的伦理精神,为城镇化建设提供价值导向与有力支撑。

一、城镇化伦理指向研究的现实诉求

城镇化为什么要有伦理指向,这与城镇化建设过程中凸显的系列伦理问题密不可分。随着我国农村城镇化建设步伐的加快,一些伦理问题开始凸显出来。

城镇化涉及主体与客体两个方面。从城镇化主体角度看,主体自身面临着伦理考验。在由农民到市民的转化过程中,各种伦理关系发生了变化,从以往相对比较了解的农村熟人社会转向了生活相对封闭的陌生人社会,紧张的

工作和生活导致人们的生活圈越来越小,传统的信任关系受到破坏,信任度降低。个人的伦理观念在此过程中也在发生着迅速的转变。城镇化发展使广大农村由自然经济转向商品经济,从封闭走向开放,从传统走向现代。经历了由传统农民到现代市民的角色转变过程,这就必然推动着农民伦理价值观念的不断变革,使之逐渐树立起遵纪守法、追求效率、敢于竞争、文明卫生的现代伦理意识。主体并不是孤立地生存于社会生活中,他要参与到社会的各种关系之中,既要履行自己应尽的义务,同时,也要享受到社会赋予的各种权益。然而,在城镇化过程中,农民主体的权益保障问题并不能完全落实,各种资源的公平分配程度还不到位,在教育、就业、医疗、养老、保险等方面都有待加强。这些问题看似是一般的社会问题,实际上却内蕴着深厚的伦理精神。

从客体角度看,城镇化面临着严峻的生态环境问题。城镇化加大了一些地方的环境负荷,如城市水资源匮乏、水污染严重、空气质量下降,特别是近年来的雾霾、灰霾现象已经严重影响了居民的身心健康。此外,城郊土壤污染严重,城市规模扩大必然占用稀缺的耕地资源,根据相关调查数据显示,我国城镇化过程中出现了耕地的较快萎缩现象,随着城镇化水平的提高,"新增城市用地中 70%~80% 来自周边的耕地",这就加剧了城市发展与农业用地之间的矛盾。城镇化过程中存在的各种问题迫切要求进行梳理与引导,否则,将会影响到城镇化的成效。为城镇化建设确定伦理的指向,一方面可以解决城镇化过程中面临的各种问题;另一方面,可以使城镇化建设有明确的发展方向,有利于实现高质量城镇化的目标。农村城镇化绝不仅仅是城镇化,更是农民主体城镇化的过程。从城镇化主客体及其相互关系的要求看,加强城镇化的伦理指向研究,是新型城镇化建设的题中应有之义。

二、坚持正确的伦理指向应确立的基本原则

伦理指向本身包含两层含义:一是从研究范围看,伦理应该作为一个研究方向贯穿于城镇化过程的始终;二是指具体到伦理视域,以哪些内容、范畴作为其根本指向。本书的研究主要侧重于后者。城镇化伦理指向的内容不可能是泛泛的,必须要依据一定的原则、标准,遴选出具有代表性和实质性的目标。

首先,现实性原则。现实性原则要求我们在确定城镇化伦理指向时,必须结合当前我国城镇化建设的实际,特别是城镇化建设过程中存在的各种现实

问题,具有明确的现实针对性。所以,伦理指向确定的出发点与落脚点都不能离开对现实问题的思考,最终确定的伦理指向必须服务于现实需要。

其次,根本性原则。这一原则要求伦理指向的内容不能是表层的、浅显的,它应该具有根本性,也就是说这一指向性能够决定与制约其他各个方面,具有导向性的作用。依据该原则,伦理指向应该针对城镇化过程中的深层次的复杂问题,不是简单地治标,而是要能治本。这就要求在确定伦理指向的时候,应综合考虑城镇化进程中存在的社会问题,在解决这些问题时融入伦理精神。

再次,典型性原则。典型性原则要求伦理指向应该具有代表性,不能是一般的列举,应该能够起到以点带面、示范引导的作用。农村城镇化进程中涉及的问题较多,有表层的也有深层的,在这些纷繁复杂问题的背后所隐藏的本质性的东西应该引起我们的高度重视。鉴于此,为了稳妥解决这些现实问题,典型引路、逐步推开是必要的,也是必需的。

最后,全局性原则。全局性原则要求确定伦理指向的时候应综合考虑城镇化建设的大局,以及各种伦理指向之间的相互协调关系。以推动城镇化建设大局为重,从人自身、人与人、人与社会、人与自然和谐发展的视角,多维度、全方位地做出规划并落到实处。

三、伦理指向涵盖的具体内容

根据城镇化伦理指向确定的基本原则,并结合城镇化建设的实践历程,新型城镇化的伦理指向主要涵盖以下三方面内容:

第一,生态伦理指向。之所以把生态伦理指向作为其中的首要内容,主要基于当前的生态环境问题。党的十八大明确了生态文明建设的目标,走社会主义生态文明道路,提出建构"五个文明"一体的社会,其中生态文明是重中之重。在城镇化进程中,在对待各种自然资源、基础建设、经济发展方面都离不开生态伦理指向。生态伦理强调发展的协调性与可持续性,不能牺牲眼前、局部利益,断了子孙后代的发展之路。在农村城镇化进程中,要求人将其道德关怀从社会延伸到人之外的自然存在,而且呼吁把人与自然的关系确定为一种道德关系。根据生态伦理指向需求,追求人与自然共生共融、协调进步的可持续发展价值观是发展的主旋律。城镇化主体要加强自身的道德自觉和自律,唤起人们对自然的道德良知和生态良知。人与自然环境应该相互依存、相互促进,在改造、利用自然的过程中保护自然的生态平衡,从而使人们在城镇化过程中享受到天蓝、地绿、水净、空气新鲜的"诗意栖居"生活。

第二,公正伦理指向。公正即公平、正义,这是一个社会发展的基本价值取向。从城镇化主体与社会的关系看,公正是关键的支撑点。城镇化过程中社会的各种资源能否得到公平合理的分配,各种权利是否得到充分的保障,这些问题直接关系到城镇化建设的成败。特别是在面对高质量城镇化要求下,公正成为衡量城镇化质量的一个重要指标参数。浙江省副省长陈德容指出,"中国50%的城市化率的计算中包括了1.5亿进城农民工,虽然他们进城了,但他们仍顶着一个农民的帽子,他们在城里没有户籍,没有住房,没有保障,是城市的过客,这是巨大的社会不公平现象。"对于这一点,哈佛大学肯尼迪政府学院艾什民主治理与创新中心主任托尼·赛奇接受新华社记者采访时也指出,"中国城市化挑战之一是如何帮助规模庞大的农民工群体从'融不进城市'和'回不去农村'的困境中解脱出来,使他们真正成为城市资源享有者和发展红利的获益者。"中国青年报社会调查中心对10365名实名注册的打工者的调查表明,有60%的受访打工者期待未来成为新市民,在他们的眼中,成为新市民的三大标准为:同工同酬、享受城市福利、有城市住房。可见,新型城镇化实现社会的公平正义是人们共同的期待。为此,党的十八大就如何处理这一问题时强调,把解决问题的重点放在加快完善城乡发展一体化制度与机制上,着力促进城乡要素平等交换和公共资源均衡配置。

第三,幸福伦理指向。幸福是伦理学中的核心范畴,也是古往今来的思想家长期探讨的一个重要话题。人生的目的是什么,总要有个价值目标来衡量,正如亚里士多德所说:"行为所能达到一切善的顶点又是什么呢?从名称上说,几乎大多数人都会同意这是幸福。"的确,我们每个人在人生奋斗历程中都在追求过上一种幸福的生活。2012中国《社会蓝皮书》指出,"幸福指数"在社会经济发展中的意义越来越受重视,当上上下下都在追求幸福、计算幸福指数时,消除痛苦是达到幸福目标的第一步。从改革开放30多年来的发展历程来看,城镇化呈现加速的态势,然而,我们不仅要重视城镇化发展的规模与速度,更要重视在此过程中城市居民的幸福生活。城镇化的主体是人,城镇化的最终衡量指标要落实到主体人的内心感受上。这种"软感受"就是城镇化主体的幸福感或者幸福指数。不能使人有幸福感的城镇化就称不上高质量的城镇化，这是城镇化建设的最终关切与方向。

四、新型城镇化的伦理践行

有了明确的伦理指向，城镇化就有了重点发展的方向与主攻目标。为此，要从多维度、广视角践行城镇化伦理。

第一，践行生态伦理。具体到城镇化建设中，要从理念意识层面、规章制度层面、物质实体层面、实践行为层面着手。从理念意识层面看，应树立生态化意识，将绿色发展作为城镇化的基本价值取向。城镇化过程中要广泛地宣传、教育，创造浓厚的生态伦理文化氛围，使人们形成保护生态的伦理意识，树立生态伦理价值观念。在制度层面，从制度规范的角度为城镇化生态伦理建设提供法律或规范的保障。从以往经验教训看，许多问题的症结源于制度的不完善，以及制度的某些漏洞。制度好可以使坏人无法任意横行，制度不好可以使好人无法充分做好事，甚至会走向反面。可见，在这方面，完善的制度对城镇化的生态伦理走向起着至关重要的保障作用。在物质实体层面，加强生态型城镇建设，对于原生态的建筑、园林景观等加以保护。在实践行为层面，生态伦理建设是全方位、立体式的系统工程，家庭、学校、企业、政府部门等都要在实践中强化生态伦理意识，自觉践行生态伦理。例如，家庭要树立起生态伦理消费观，学校要开展经常性的环保教育与广大师生亲身践行的公益性环保活动，企业应加强生态伦理文化宣传，等等。

第二，践行公正伦理。公正侧重于对基本社会关系的处理，所以，它是一个社会的基本价值目标。没有公平、正义可言的社会不是一个好社会。在城镇化进程中，实现社会的公平、正义至关重要，它直接关系到社会的和谐、稳定。城镇化进程中践行公正伦理应着眼于资源与权利两个方面。一方面，各种社会资源要合理分配，包括就业的岗位、教育的机会，以及医疗、住房、养老保障等，这可以使城镇化中的农民真正享受到市民的待遇。对于当前存在的同工不同酬、同命不同价的不公正现象应当坚决制止。尤其在中国农村老龄化日趋严重的形势下，做到老有所养、老有所医、老有所居，打破地域差异、地位限制，使每个人都享受到同等的待遇，这些都是体现一个社会是不是公正的重要方面。另一方面，主体的各种权利应有充分的保障，这既涉及国家下大力气制定完备的法律制度,从外部的角度予以充分的保障。同时,它还涉及城镇化主体自身的民主意识、权利意识。一个社会缺乏必要的权利保障机制并不可怕,可怕的是国民缺乏民主权利意识,意识的觉醒更重要。在这方面应加强对广大农民的文化宣传教育,使其有充分的维权意识,这才是根本。只有从内外两个方面双管齐下,才能使社会的公正延伸到每一个角落。当然,城镇化的公正伦理指向并不是要求社会绝对的公正,这样的企盼也是不现实的。它只能是相对的公正。鉴于我国的现实国情,逐渐由不公正到相对比较公正,呈现螺旋式上升的进程就是社会进步的充分体现。

第三,践行幸福伦理。如果说生态伦理主要界定于人与自然的一种关系维护,公正伦理主要关涉人与社会关系的把握,那么,幸福伦理的实质是二者统一的最终归宿。人与自然关系和谐、人与人的社会关系融洽,最终的目的都是服从、服务于人的幸福。所以,城镇化的进程中应充分考虑幸福指标。中国梦实际上圆的就是中国人的幸福梦。城镇化也不例外,它绝不仅仅表现于城市的外观华丽与尊贵,关键在于城镇化主体自身能否有幸福感受。

幸福是主体的一种主观感受,衡量起来相对比较困难。所以,在践行幸福伦理方面,应该注意处理好下述问题:一是在城镇化的伦理目标取向上,应将幸福这一指标作为首要的根本指标,比如在政策的制定方面,应关注幸福,并以实现幸福作为目标。城镇化建设的出发点与落脚点都应以人民能否幸福作为衡量依据,能给居民带来幸福的就去做,否则就不做。有了这个尺度,就会减少城镇化的系列负面问题,起到预防性的作用。二是幸福指数方面,国民幸福指数(National Happiness Index)是衡量幸福感的基本指标,所以,在幸福指数调查与统计方面下功夫。虽然,幸福是主体的主观感受,但可以通过幸福指数的数据来衡量,进而考量城镇化建设的总体水平。中科院院士程国栋曾提出《落实"以人为本",核算"国民幸福指数"》的提案,建议国家有关部门研究制定一套国民幸福指数的评价体系。现在很多地方政府都提出了幸福指数的评价指标。当然,这件事做起来比较困难。实际上,在城镇化建设中,更应该有一套标准的幸福评价指标体系,当然该指标体系要避免研究的简单化、绝对化和片面化,这样才能更接近于人们的实际幸福状态,从而使这一研究更有意义。

总之,城镇化建设是一项复杂的系统工程,而对其伦理指向的研究仅仅是一个侧面而已。我们不能苛求这一个侧面能够化解城镇化面临的所有问题,但我们希冀通过对城镇化伦理指向与践行的研究为城镇化的健康发展、实现高质量的城镇化提供价值导向与软实力保障，真正确立并践行新型城镇化又好又快的发展模式。

第三节　新型城镇化与生态文明建设的互动机理及保障机制

把生态文明融入城镇建设体系，全面推进以"人的城镇化"为核心的新型城镇化，建设有中国特色的新型城镇体系，是党的十八大和十八届三中全会提出的一项重大战略任务。这既赋予了城镇化新的内涵，也给生态文明建设提供了重要的发展机遇。在新型城镇化推进过程中，如何平衡和处理好城镇化与生态文明建设之间的关系，使二者相互促进和相得益彰，实现经济效益、生态效益与社会效益的统一，值得深入研究。

一、新型城镇化与生态文明建设的相互关系

1. 新型城镇化内在蕴含并推动生态文明建设

新型城镇化是以城乡统筹、城乡一体为核心，以产城融合、集约节约、生态宜居、和谐发展为特征，大中小城市、小城镇、新型农村社区相互促进协调发展的过程。新型城镇化是我国"四化同步"战略的龙头和结构调整的重点，是"未来几十年最大的发展潜力"。从生态文明建设的角度来看，新型城镇化至少在以下三个方面体现了生态文明建设的内容：

第一，新型城镇化建设有利于自然空间的集约高效利用。新型城镇化必须在充分考虑资源环境承载能力的基础上，科学合理地安排城镇的空间布局。中央城镇化工作会议提出，要"依托现有山水脉络等独特风光，让城市融入大自然，让城市居民望得见山、看得到水、记得住乡愁"，"把城市放在大自然中，把绿水青山保留给城市居民"，"慎砍树、不填湖、少拆房，尽可能在原有村庄形态上改善居民生活条件"。新型城镇化就是要依托自然资源、地理地貌和人文历史，体现区域差异性，提倡形态多样性，发展有历史记忆、文化脉络、地域风貌和民族特点的美丽城镇，形成符合实际、各具特色的城镇化发展模式，建设

山水城镇、花园城镇、人文城镇。通过严格控制城镇建设用地规模，严格划定生态红线，合理控制城镇开发边界，来优化城镇空间布局和结构，促进城市紧凑发展，提高国土空间利用效率，从而实现"促进生产空间集约高效、生活空间宜居适度、生态空间山清水秀"的愿景目标。

第二，新型城镇化有利于生产要素的合理配置和集约节约。新型城镇化就是改变传统的高消耗、高浪费、高排放的"大拆大建"式的城镇发展模式，始终把生态文明理念融入城镇化发展的全过程，做到资源的集约节约，资金、技术、人力的高效利用，推进绿色发展、循环利用、低碳节能，推动形成绿色低碳的生产生活方式和城市建设运营模式。城镇化可以促使大量劳动力和其他生产要素在城镇及其周边地区集聚，为企业扩大生产规模提供便利条件，带来生产和市场的集聚集中，产生集聚效应和规模效益，节约单位产出的成本，从而为自然资源的减量化、再利用和再循环提供条件和可能。新型城镇化带来的人口集中，使得更多人可以共享同样数量的公共道路、水电煤气等基础设施，还可以共享医疗、教育、社会保障等基本公共服务，从而降低人均公共投入的成本。由于公共道路具有非竞争性、非排他性等特点，在一定限度内使用者的增多并不会增加或者只增加很少的成本，因此城镇化可以提高城市公共资源的使用效率，从而降低人均公共投入，减少社会总资源的消耗。

第三，新型城镇化有利于提升劳动力的素质，加快绿色技术的创新、推广和应用。现代市场竞争背景下，人文素质的高低、思想观念的开放程度越来越成为影响城市竞争力的重要筹码，因此，提升非农劳动人口的素质和教育水平是提高城镇化发展质量的重要环节。城市具有发展高等教育、成人教育和开展职业技术教育、职业技能培训的便利条件，通过多渠道、多途径、多方式的学习培训，造就一支具有专业技术优势的劳动力后备队伍，一方面可以为劳动力资源通过市场机制达到最优配置创造条件；另一方面也可以增进人们对生态环境与身心健康之间关系的认识，提升人们对生态环境质量的需求，增强人们治理环境污染的动力，从而促进资源的高效使用。此外，城镇化使大量的企业、科研机构和劳动力集中在一个区域，可以为协同创新提供更好的平台，促进资本、技术和人才的有机融合，带来更多的低碳、循环技术的创新、推广和应用，促进传统产业的节能减排和改造升级，加快新能源、新材料等战略性新兴产业和高附加值产业的发展，从而促进全社会资源的节约和环境的保护。

2. 生态文明建设助推新型城镇化提质增效

第一,生态文明建设为新型城镇化提供持续发展的动力。生态文明建设必然要求加快经济发展方式的转变,要求降低资源消耗、减少污染物排放,实现绿色发展、低碳发展和循环发展,不牺牲环境的同时以最少的资源消耗来获得最大的经济效益、生态效益和社会效益。生态文明的这些本质要求必然反映在产业结构调整、生产工艺和流程改进、产品质量的提高方面,反映在绿色交通、绿色建筑、绿色商贸和绿色旅游等方方面面,从而使全社会的物质基础更加殷实,经济增长的可持续能力不断增强,并为城镇化的健康发展提供内生动力和持续不竭的源泉。

第二,生态文明建设有利于提升城镇化的发展质量。生态文明建设可以优化美化生产和生活环境,直接促进对青山绿水的保护、对大气污染和噪声的整治,提供良好生态产品,提升城镇的宜居水平。从长远来看,生产方式和消费模式的绿色低碳转型,不仅可以通过培育具有绿色低碳发展能力的产业和企业来促进全社会集约节约利用资源,减轻自然资源短缺和生态环境问题凸显的压力,持续地优化人类系统、自然系统和社会系统组成的城镇复合系统,而且还可以培育良好的生态文化,使节能减排、保护生态成为人们和企业的日常行为和习惯,使节约资源和保护环境的理念深入人心,使人与自然和谐相处成为普遍的共识,从而全面地优化城镇及其周边环境,推进低碳城市、智慧城市、山水田园城镇、生态美丽城镇建设,提升城镇化的发展质量。

二、新型城镇化与生态文明建设的互动机理

1. 新型城镇化与生态文明建设的系统结构

从系统论的角度观察分析,新型城镇化是由经济系统、生态系统和社会系统构成的有机整体。中国特色的新型城镇化以人的城镇化为核心,以绿色发展为导向,以人口市民化和产业与城镇、生态与城市、人文与城市的多元融合为路径,以人与人、人与自然、人与社会的和谐统一为目标,实现经济效益、生态效益和社会效益的共赢。如图所示(见图8-1):A点、B点和C点共同构成一个等边三角形,重心O点代表"人的城镇化",居于核心位置;AB代表经济系统,BC代表生态系统,AC代表社会系统,三者共同构成新型城镇化的支撑体系和系统结构。

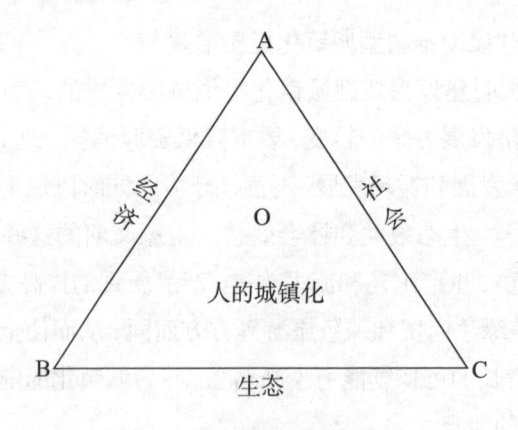

图 8-1 新型城镇化支撑体系

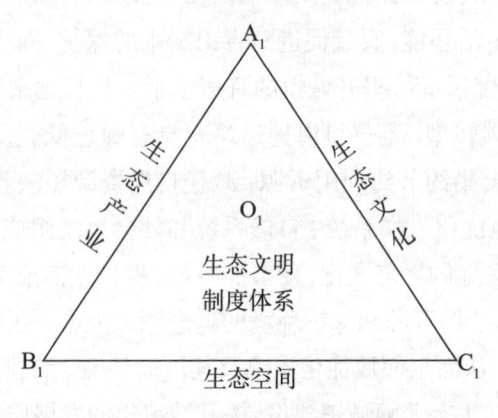

图 8-2 生态文明建设系统

生态文明建设系统是由生态空间布局系统、生态产业系统和生态文化系统(生态意识、生态观念、生态认知)共同构成的有机整体,追求的目标是资源节约型和环境友好型社会,实现人与自然、经济发展与环境保护的和谐统一。具体而言,生态文明系统立足生态空间的合理布局,以生态文明制度体系建设为核心,着眼生态文化建设的引导,着重生态产业的绿色低碳发展。如图 8-2 所示,A1 点、B1 点和 C1 点共同构成一个等边三角形,重心 O1 点代表"生态文明制度体系",居于核心位置;A1B1 代表生态产业体系,B1C1 代表生态空间体系,A1C1 代表生态文化体系,三者共同构成生态文明建设系统。

2.新型城镇化与生态文明建设的作用机理

新型城镇化的三个支撑体系所构成的等边三角形与生态文明建设系统所构成的等边三角形存在着相似的关系,二者相互发生作用的机理就在于两个三角形的三个边和重心之间的融合与贯通问题。

第一,城镇经济发展体系(AB)与生态产业发展体系(A1B1)、生态空间布局体系(B1C1)的融合机理。新型城镇化经济发展体系(AB)是社会生产力发展到一定程度,工业化、农业现代化和信息化发展的必然趋势和根本要求。马克思曾经指出,"农业劳动是其他一切劳动得以独立存在的自然基础和前提","商业依赖于城市的发展,而城市的发展也要以商业为条件,这是不言而喻的"。可以毫不夸张地说,产业发展是支撑城镇化持续健康发展最为重要的内生动力,城镇化需要产业发展来充实,通过产业发展促进就业和创业。在生态环境约束趋紧的情况下,一方面,新型城镇化必然要求城镇化空间布局结构的合理(B1C1)和经济发展方式的转型,实现大中小城市、城镇和新型农村社区的绿色、协调发展,大力发展低消耗、低污染、低排放和高效益的生态经济(A1B1),新型城镇化的经济发展体系(AB)必然落脚到生态文明建设支撑系统的生态产业发展体系(A1B1)和生态空间布局体系(B1C1)上。另一方面,生态文明建设就是通过调整优化空间布局(B1C1),大力推动生态产业发展(A1B1),全面促进资源节约,加大自然生态系统和环境保护力度,提升经济、社会和城镇化发展的质量和水平,有力推动城镇绿色工业、绿色农业和低碳服务业等经济发展体系(AB)的绿色转型,助推新型工业化、新型城镇化、新型农业现代化和信息化"四化同步"发展。

第二,城镇化生态支撑系统(BC)与生态空间布局体系(B1C1)的作用机理。新型城镇化的生态支撑系统(BC)是提高城镇化质量的必然选择。当前,一些城市空间无序开发,人口过度集聚,重经济发展、轻环境保护,重城市建设、轻管理服务,交通拥堵问题严重,公共安全事件频发,城市污水和垃圾处理能力不足,大气、水、土壤等环境污染加剧,外来人口集聚区人居环境较差等问题日益凸显,根本原因就是忽视了城镇建设的空间布局体系(B1C1)。科学确立城市功能定位和形态,加强城市空间开发利用管制,合理确定城市规模、开发边界、开发强度和保护性空间,合理设定不同功能区土地开发利用的容积率、绿化率、地面渗透率等城镇化生态支撑体系(BC)的规范性要求,恰恰又是生态文明空间布局体系(B1C1)的具体体现。

第三,社会支撑系统(AC)与生态文化体系(A_1C_1)的作用机理。新型城镇化的社会支撑系统(AC)就是坚持以人为本的精神,彰显城镇的人文关怀和精神抚慰，让非农人口在身体和心理上真正融入城镇发展。因此，新型城镇化要使城市景观结构与所处区域的自然地理特征相协调，挖掘传承我国的生态文化和建筑艺术，体现城市的自然和文化个性，保留传统民居和田园风光。鼓励城市环保低碳生活方式和生态文化的多元发展，促进传统文化与现代文化、本土文化与外来文化交流融合，形成多元开放的现代城市生态文化。可见，新型城镇化社会支撑系统（AC）与生态文明建设生态文化体系（A_1C_1）也是一致的。

第四，"人的城镇化"（O）与"生态文明制度体系"（O_1）的作用机理。新型城镇化的核心是"人的城镇化"（O），生态文明建设的核心是"生态文明制度体系"（O_1），实现新型城镇化与生态文明建设的良性互动和优化发展必须打通由"人的城镇化"（O）到"生态文明制度体系"（O_1）的阻塞通道。一方面，"人的城镇化"（O）必须全面考虑生态环境的支撑承载能力，坚持生态文明理念和原则，完善推动城镇化绿色循环低碳发展的体制机制（O_1），走"产、城、人"紧密结合和高度融合的绿色人文新型城镇化道路。另一方面，加强生态文明制度体系建设（O_1），必然要求完善促进生态文明建设的法律法规和政策体系，必然体现"以人为本"的内在价值，促进新型城镇化资源节约、环境友好，更好地推动以"人的城镇化"（O）为核心的新型城镇化进程。

三、新型城镇化与生态文明建设融合发展的保障机制

1. 确立"产、城、人"融合发展的城镇规划体系

树立绿色、低碳、生态、人文的城市生态观，改变传统注重经济总量扩张的规划思路，要以改善人居环境为目标，以"绿色人本""生态人文""文明现代"和"产、城、人"多维融合的规划理念，充分考虑产业发展、人的需要（创业就业的物质需要和休闲愉悦的精神需要）和城镇建设的有机结合，建立科学合理的城镇空间规划体系，推动产业发展、城市建设、土地利用、环境保护等规划的"多规合一"。

2. 完善推进城镇化健康发展的考核评价体系

建立城镇化绿色 GDP 核算和考核体系，体现城镇建设科学发展、绿色发展的要求和导向，全面反映城镇化的真实发展水平。将经济发展速度、资源能源节约利用、生态建设与环境保护、生态文化培育、体制机制建设等指标纳入

党政领导干部工作职责范畴和政绩考核体系，不断强化生态文明建设考核指标权重，建立促进城镇化健康绿色发展的领导干部评价指标体系和考核办法。根据区域发展现状和生态环境特点，按照不同主体功能区的不同要求，实行差别化考核政策，严格执行领导干部自然资源资产离任审计和生态环境损害责任终身追究制度。

3. 制定体现不同主体功能区发展差异的资源利用、生态补偿和生态转移支付的政策法规

全面估算不同主体功能区城镇化发展差异的真实价值，推行城镇化山、水、林、田、湖草等自然资源有偿使用制度，加快自然资源及其产品价格改革，全面反映市场供求、资源稀缺程度、生态环境损害成本和修复效益。针对生态红线区域特点制定针对性生态补偿机制，通过财政专项补助政策，逐步加大对于生态红线区域的生态补偿力度，加快建立健全覆盖主要生态系统、禁止开发区域和重点生态功能区的纵向生态补偿机制，推动建立开发与保护地区之间、受益与保护地区之间、上下游地区之间的横向生态补偿机制。分类制定生态补偿办法和实施细则，构建完善的生态补偿法规体系，明确生态补偿责任和各生态主体的义务。建立生态补偿市场机制，引导社会资本向生态环境保护投入，逐渐完善多途径的补偿和激励方式，最终建立市场主导、政府推动、全社会参与的生态补偿和生态建设机制。建立和完善优化开发区域和重点开发区域向限制开发区域和禁止开发区域的生态转移支付制度，加大生态转移支付力度，提高转移支付比例和范围。

4. 加强"绿色城镇、人文城镇、智慧城镇"观念的教育引导

一方面，作为关键少数，领导干部要带头树立与生态文明建设相适应的城镇化发展理念，处理好城镇化发展与生态建设和环境保护的关系，强化绿色发展意识。另一方面，要充分利用传统媒体和新兴媒介在全社会进行绿色城镇化发展观念的宣传教育，引导公众选购使用能效标识产品、节能节水认证产品、环境标志产品和无公害标志食品等绿色标识产品，鼓励使用环保包装材料，抵制高能耗、高排放和过度包装产品，遏制铺张浪费，提倡绿色消费、低碳出行，在全社会倡导"生态文明人人讲、生态伦理人人懂、生态道德人人守、生态环境人人建"的良好社会风尚，激发广大群众建设低碳城镇、人文城镇和智慧城镇的自觉性和主动性。

参考文献

[1] 杨健. 到2025年城区人口年均增长达3~4万[N]. 烟台日报,2021-12-03(3).

[2] 郑耀群,崔笑容. 基于CiteSpace的近20年中国新型城镇化研究热点分析[J]. 中国集体经济,2021(27):61-63.

[3] 赵健. 新型城镇化和乡村振兴双轮驱动背景下的城乡融合发展路径探析[J]. 农村经济与科技,2021,32(14):247-249.

[4] 韩谦. 加快新型城镇化建设促进县域城乡融合发展[J]. 乡音,2021(7):8.

[5] 廖兴阳. 促进农业转移人口有序有效融入城市[N]. 昆明日报,2021-06-17(1).

[6] 侯恩哲.《2021年新型城镇化和城乡融合发展重点任务》督促建筑业绿色低碳转型发展[J]. 建筑节能(中英文),2021,49(4):44.

[7] 南方日报评论员. 扎实推进新型城镇化和城乡融合发展[N]. 南方日报,2021-04-14(A04).

[8] 李坤,石遵玮. 基于乡村振兴和新型城镇化的中国城乡融合发展研究[J]. 南方农机,2021,52(6):92-93.

[9] 李铁. 新型城镇化和城乡融合发展[J]. 中国经贸导刊,2020(24):32-33.

[10] 陈明星,叶超. 深入推进新型城镇化与城乡融合发展的思考与建议[J]. 国家治理,2020(32):42-45.

[11] 何仁伟. 基于乡村振兴和新型城镇化的中国城乡融合发展研究[J]. 中国西部,2020(3):23-30.

[12] 陈炎兵.疫后经济视野下的新型城镇化建设和城乡融合发展[Z].2022.

[13] 张泉,张坤,薛珊珊. 城乡融合视域下乡村振兴与新型城镇化协调发展研究:以合肥市为例[J]. 建筑与文化,2019(10):230-232.

[14] 刘凤. 新型城镇化背景下文化产业与旅游产业融合发展研究[D]. 长沙:湖南师范大学,2019.

[15] 李笛.乡村振兴战略视域下的城乡关系研究[D].武汉：武汉大学,2019.

[16] 颜家瑶.新型城镇化和乡村振兴双轮驱动背景下的城乡融合发展路径探析[J].市场研究,2019(1):41-43.

[17] 唐俊男.新型城镇化背景下的城乡融合发展[D].武汉：华中师范大学,2018.

[18] 张改素.基于新型城镇化的中原经济区城乡统筹发展研究[D].郑州：河南大学,2015.

[19] 丁伟.新型城镇化城乡融合发展模式研究[M].北京：中国城市出版社,2015.

[20] 武岩.全球化背景下的新型城镇化发展研究[M].北京：中国工人出版社,2017.

[21] 纪慰华.新型城镇化[M].上海：上海人民出版社,2018.

[22] 王伟光,魏后凯,张军.新型城镇化与城乡发展一体化[M].北京：中国工人出版社,2014.

[23] 胡玉鸿,段进军.创新与中国城镇化的转型发展中国特色城镇化研究报告：2016版[M].苏州：苏州大学出版社,2017.

[24] 刘跃,何郑涛,叶宇梅.信息化与新型城镇化互动效应与路径研究[M].北京：新华出版社,2018.

[25] 张升平,曾刚,熊竞.科技驱动新型城镇化上海张江发展模式研究[M].北京：中国工人出版社,2015.

[26] 贺凤娟,厉以宁,艾丰,等.双创驱动新型城镇化陕西西咸区发展模式研究[M].北京：中国工人出版社,2016.

[27] 郭光磊.北京市新型城镇化发展研究[M].北京：中国言实出版社,2016.

[28] 郭小燕.中部地区新型城镇化模式研究[M].郑州：河南人民出版社,2018.

[29] 赵利梅.新型城镇化背景下农民工住房问题研究[M].成都：巴蜀书社,2018.

[30] 宋亚平,项继权.湖北新型城镇化转型与治理研究[M].武汉:湖北科学技术出版社,2014.

[31] 郭莳.新型城镇化与新型城乡空间研究丛书与城市化共生可持续的保障性住房规划与设计策略[M].南京:东南大学出版社,2017.

[32] 李煜伟,郭淑婷.新型城镇化与教育支持[M].广州:广东经济出版社,2014.

[33] 章文彪.城乡融合的浙江探索与实践[M].杭州:浙江人民出版社,2017.

[34] 韩俊,何宇鹏,厉以宁,等.新型城镇化与农民工市民化[M].北京:中国工人出版社,2014.

[35] 杨述明.城乡融合发展助力峒山村乡村振兴[M].武汉:湖北人民出版社,2019.

[36] 刘尚高,赵萍.北京市海淀区新型城镇化发展研究[M].北京:现代出版社,2016.

[37] 张春玲,吴红霞,赵爽.互联网+背景下河北省新型城镇化发展机制与路径研究[M].北京:中国国际广播出版社,2017.

[38] 范周,齐骥,卜希霆,等.新型城镇化与文化发展研究报告[M].北京:光明日报出版社,2013.